同時代史叢書

占領下の東京下町

『葛飾新聞』にみる「戦後」の出発

木村千恵子

日本経済評論社

目　次

〔凡例〕

『葛飾新聞』の記事について

・旧漢字は新字に改めた。
・文章を読みやすくするため、適宜「、」「。」を補った。
・当て字はそのままとした。
・脱字・判読不明字は〇で示した。
・筆者の補足説明は※で表示した。
・事件・犯罪の被害者・加害者はすべて仮名とし、住所も伏せた。

はじめに――『葛飾新聞』の創刊

一九四七年（昭和二二）六月一五日、『葛飾新聞』という一地域新聞が創刊された。

「葛飾」という名は、古くは埼玉県、千葉県、東京都にまたがる広大な地域をさす名称だが、『葛飾新聞』の「葛飾」は東京二三区のうちの葛飾区をいう。この『葛飾新聞』の存在は、現在区内に在住する人々にもあまり知られておらず、創刊以来六七年が過ぎ、今ではほとんど〝幻の新聞〟といってよい。

では、『葛飾新聞』はどのような新聞だったのだろうか。創刊号からみていくことにしよう。

用紙――仙花《せんか》紙（粗悪なワラ半紙のような紙）

サイズ――タブロイド判一枚仕立（一面と二面、現在の新聞一ページの半分の大きさ）

　　枠内の記事スペースサイズ：ほぼＢ４と同じ

　　一行一五字、一一段組

発行所――東京都葛飾区青戸四の五一五

　　葛飾新聞社

編集印刷発行人――佐藤嘉夫

毎月――一日　一五日発行

一部――一円五〇銭

紙面は大まかに分けると一面は政治面、二面は社会面となっている。一面の中央には「区民による区民のための区民新聞」と縦書きされたスローガンが目立つように書かれており、次のような「発刊の言葉」が大きく掲げられている。

○「「新憲法下の地方自治制は民主主義の教場」であると、マ司令部（※マッカーサー司令部、連合国最高司令官総司令部［ＧＨＱ］のこと）ではしばしば声明している。しかるに、われわれの生活と最も密接な関係を持つ区内の出来事をとりあげる新聞が一つもない。区政のあり方が十分納得できて、はじめて日本の民主化が達成されると考え、こゝに葛飾新聞発刊の意義を見出したのである。既刊新聞が望遠鏡なら、葛飾新聞はわれわれの身辺を拡大する検《（ママ）》微鏡、葛飾区政の美醜をそのまゝ映し出す大鏡である。

　この大鏡が曇らぬ限り醜い者は尻尾を巻き、美しい者はいよいよその美を区民の前にくりひろげることであろう。

　われわれが都内各区のトップを切って、葛飾区だけの新聞製作に起ち上った使命もまたこゝにある。

　本紙面があらゆる層、あらゆる意見の討論舞台と化し、熱烈な愛区心の火花を散らしてくれることを切望する。

いま丶での市井新聞と違った品格ある編集、そして
○　スッキリした紙面
○　公正な筆
○　葛飾区民だけの
を念願として、満身の努力を続ける覚悟である」

一面の記事は、スペースの大きい順に並べると以下のようになっている。
○「正副議長決る　社会革新連合で唐松（正）清水両氏当選、初区会、白熱の論議展開」
○「私はかく闘えり（1）新人議員の区会報告」
○「明るい区政の構想　高橋区長・橋本主筆対談
　第一に農工商復興　庁内刷新　入口に相談所」
○「主張　陳腐な政治取引を排す（※社説）」
○「区内各派の陣容（革新クラブ一五名、自由クラブ一八名、社会党一二名）」
○「常任委員会近く発足」
○「解説　区条令とは」
○「録音（※寸評）」
○「お礼」
二面には、中央やや左寄りに縦書きで「区民の手で盛りたてよ！　区民新聞」と大きく書かれ、

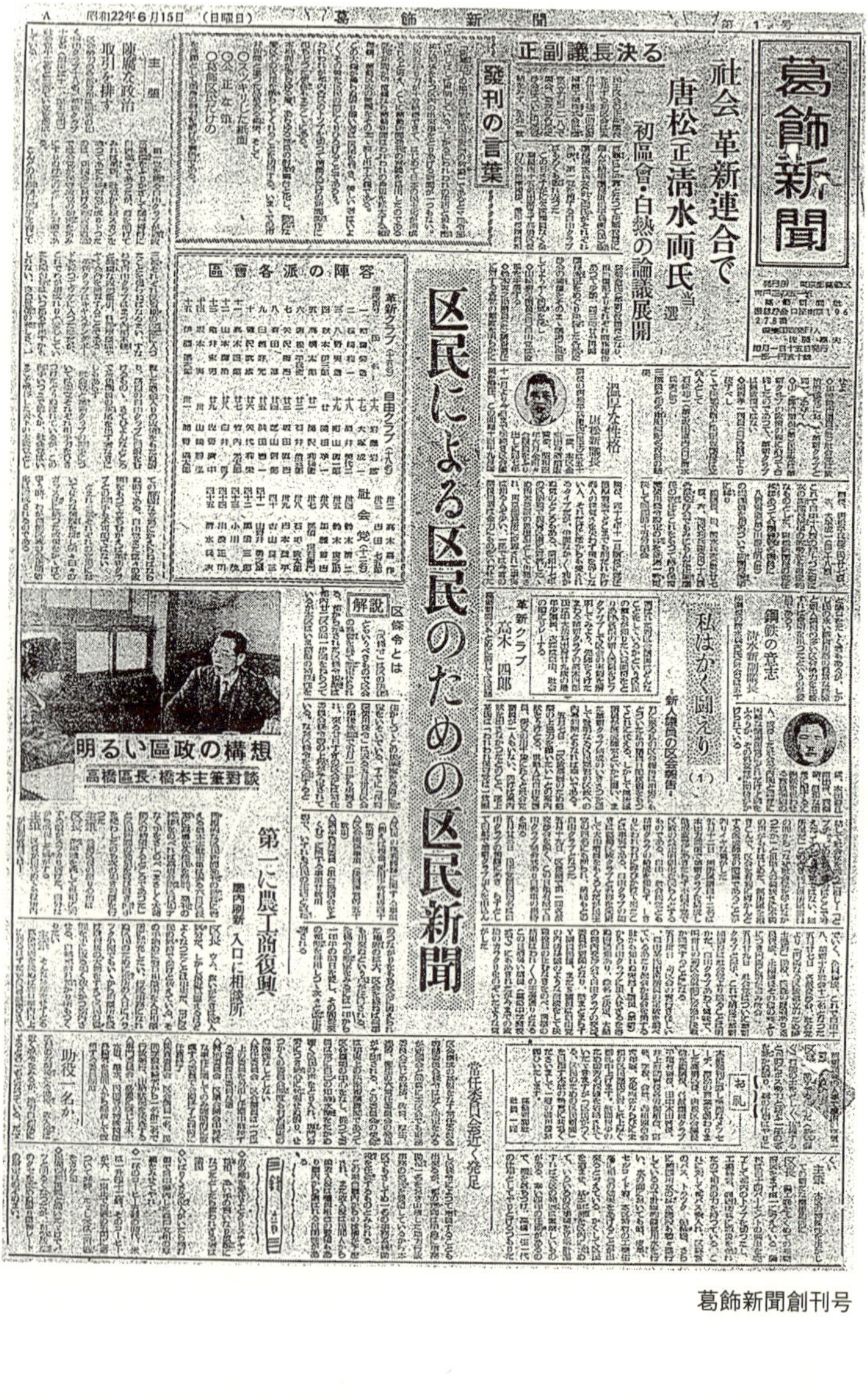
A　昭和22年6月15日　(日曜日)　葛　飾　新　聞　第1号

葛飾新聞

社会 革新連合で 唐松(正)清水両氏当選

初區會・白熱の論議展開

正副議長決る

發刊の言葉

主張

陳腐な政治取引を排す

○スッキリした紙面
○公正な筆
○葛飾区民だけの

區會各派の陣容

革新クラブ

自由クラブ

社会党

区民による区民のための区民新聞

温厚な性格 唐松新議長

鋼鉄の意志 清水新副議長

私はかく闘えり (1)

新人議員の区会観

革新クラブ 高木四郎

解説 區條令とは

明るい區政の構想

高橋區長・橋本主筆對談

第一に農工商復興

區内刷新 入口に相談所

常任委員会近く発足

助役一名か

お詫び

葛飾新聞創刊号

昭和22年6月15日（日曜日）　葛飾新聞　第1号

その名も"平和橋"
…廿七日・盛大な竣工式…

嬉しいお米配給

盛んな寮祭　大東文化学院

失火に注意

街の声

寄付金のゆくえ

区内　労組団結の気運

値下運動に新手
信用マークで買物を

郷土葛飾ものがたり　1
昔は大海原
葛のいと縁かりし

減らぬ犯罪

挨拶に新庁舎　今年中に完成か

街のうごき

青年団だより

◇区界いろいろ◇

區民の手で盛りたてよ！區民新聞

豆手帖

區民がつくる區民新聞

祝　創　刊
葛飾區長　高橋佐久松
區會議長　唐松平兵衛
同副議長　清水兵次
各派議員團
區内勞働組合

衆議院議員　島上善五郎
都會議員　水戸三郎
都會議員　長瀬健太郎
都會議員　川口清治郎
熊本虎蔵
新居康
明治生命葛飾代理店　深沢義長

會議の運び方

花くじ總賣り

新福無盡
大日本無盡

有限會社　廣正社
廣告代理店

・香源と廣告・

の変遷

創刊　編集印刷発行人　佐藤嘉夫　毎月1日、15日発行　1部1円50銭

1部2円50銭に値上げ　郵送料50銭

「休刊のお詫」記事　主筆橋本氏退職、後任石川長蔵氏

「編集室より」記事　石川長蔵主筆就任

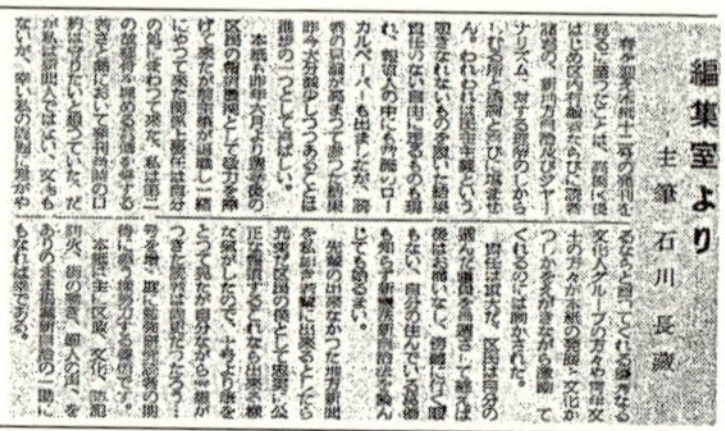

編集印刷発行人 石川長蔵 印刷所 千代田区神田神保町1-46 文化印刷株式会社
支局 立石、堀切、金町、亀有
月4回発行に変更 1部2円50銭
今月より区内18新聞販売店の協力で宅配始まる

支局　渋江　追加

支局　亀有、立石、渋江3局になる

定価1か月10円になる

日付　昭和表示から西暦表示に変更

「社告」記事　新聞名もどる　新聞の号数は継続する

編集局・亀有町2-1532　業務局・本田渋江町440
支局　金町、堀切、立石、上平井
編集発行人　宇野鉄夫
「社告」により社内人事掲載

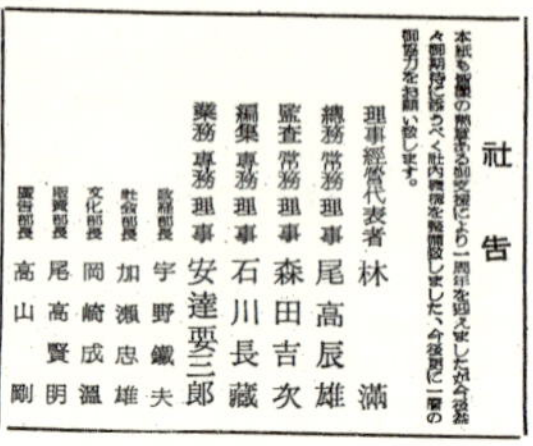

日付　西暦表示から昭和表示に変更

1か月15円に変更

編集局・亀有町5-160

1か月20円に変更

印刷発行人　宇野鉄夫

葛飾新聞社社長　石川長蔵氏　葛飾区長候補者公募に応募

『葛飾新聞』は石川社長死去のため廃刊（『葛飾区戦後史より』）

『葛飾新聞』

年月日	新聞名	新聞社名	発行所
1947. 6 .15	葛飾新聞	葛飾新聞社	青戸 4-515
9 .15	〃	〃	〃
1948. 1 . 1	〃	〃	青戸 4-888
2 . 1	〃	〃	〃
3 . 7	葛飾自治新聞	葛飾自治新聞社	亀有町 2-1532
3 .21	〃	〃	〃
9 .12	〃	〃	〃
1949. 1 . 1	〃	〃	〃
2 .27	〃	〃	〃
3 .13	葛飾新聞	葛飾新聞社	〃
5 .15	〃	〃	亀有町 4-710
6 .19	〃	〃	〃
10. 2	葛飾新聞	葛飾新聞社	亀有町 4-710
1950. 2 .19	〃	〃	〃
1951. 2 . 4	〃	〃	〃
1952. 5 .25	〃	〃	〃
1971			
?			

次のような記事が並んでいる。

○「郷土葛飾ものがたり　昔は大海原　葛のいと繁かりし」

○「その名も〝平和橋〟二七日盛大な竣工式」

○「嬉しいお米配給」
○「区内労組団結の気運」
○「値下運動に新手　信用マークで買物を」
○「焼跡に新庁舎　今年中に完成か」
○「減らぬ犯罪　亀有が首位」
○「盛んな寮祭　大東文化学院」
○「街の声　粛正旋風と組閣　寄付金のゆくえ（※投書）」
○「失火に注意　損害七〇〇万円」
○「街のうごき」
○「青年団だより」
○「区税いろいろ」
○「豆手帳（※寸評）」
○「不当臨時課税軽減対策大会」
○「投稿歓迎　区民がつくる区民新聞　街のすみずみからニュースおくれ！」
○「広告」

このように表も裏もＢ４ほどの小さな紙面に、情報がぎっしり詰め込まれている。

このなかで「お礼」記事と「祝創刊」広告は、新聞創刊の背景を知る上で重要な材料であると思われる。

○「お礼

　本紙発刊に際し熱烈なメッセーヂ、激励の言葉を賜わりました高橋区長、唐松区会議長、清水副議長、各派議員クラブ、平亀有署長、田中本田《ほんでん》署長、井上消防署長、各労働組合、官衙《かんが》（※官庁・役所）、学校、会社、商組連合会、青年団、文化団体ならびに未知の区民諸氏に対し、紙上厚く御礼申し上げます。紙面狭小のため御芳名採録を省略させていたゞきますが、「区民がつくる、区民のための区民新聞」を目指す本紙の熱意に共鳴くださいまして、一層の御声援をお願ひいたします。

葛飾新聞社　社員一同」

○「祝創刊

葛飾区長　高橋佐久松
区会議長　唐松平兵衛
同副議長　清水兵次
各派議員団
区内労働組合
衆議院議員　島上善五郎
都会議員　水戸三郎
都会議員　長瀬健太郎
都会議員　川口清治郎

森居　康
熊本虎蔵
明治生命葛飾代理店　　深沢義長」

このような支援者の名前は第二号（一九四七年七月一日付）、第三号（七月一五日付）にも後援者芳名録として一三七件が記載されている。内訳は、個人、町会、婦人会、企業（製造・金融・運輸・建築・サービスなど）、商店、医院などのほか、葛北野球連盟、亀有楽天地組合[1]といった団体も加わっている。

こうした記事をもとに、この創刊号からは次の二点が分かる。

まず第一には、区内に多数の支援・後援者を得てスタートしていること。これは区長、衆議院議員から亀有楽天地組合まで糾合できる人材がおり、地域の有力者への根回しが十分行われた上で発刊に至ったことを物語っている。『葛飾新聞』は個人発行のミニコミ紙的な新聞ではない。

第二は、『葛飾新聞』の創刊はＧＨＱの日本に対する占領方針〝日本の民主化〟を背景としている、ということである。

敗戦後の日本は、日本政府を通じて連合国による統治を受ける間接統治であったが、ＧＨＱは新聞、放送、出版などのメディアについては直接統治を行った。国民に対する影響力の大きさを考えた時、メディアを旧体制から切り離さねば日本の民主化はあり得ない、と判断したからである。そのため日本のメディアはＧＨＱの厳しい監視を受けることになったが、一方で〝民主化推進〟を主張すれば、GHQがそれを後押しするような構図が現出した。

『葛飾新聞』の創刊も、そうした事態に連動している。「発刊の言葉」には、「新憲法下の地方自治制は民主主義の教場」であると、マ司令部ではしばしば声明している。……区政の在り方が十分納得できて、はじめて日本の民主化が達成されると考え、こゝに葛飾新聞発刊の意義を見出したのである」とある。これは、日本の民主化達成のためには身近な区政のあり方が十分納得されなければならず、そのための情報を提供することが『葛飾新聞』発刊の意義なのである――もっと約せば、『葛飾新聞』発刊は日本の民主主義達成のためである――ということになる。なんと高邁《こうまい》な理想、立派な宣言であることか。

GHQは一九四五年一〇月には「すべての公的情報メディアを通して民主主義的理想と原理を普及させることによって宗教崇拝の自由、言論・演説・新聞・集会の自由の確立を促進する(2)」といった方針を発しており、新聞を民主主義啓蒙のための道具と位置づけていた。特に戦後誕生した新興新聞については、日本の民主化のために利用価値が高いと判断して保護した。

『葛飾新聞』がどれほど本気で民主主義達成を考えていたかは分からない。「発刊の言葉」にある〝マ司令部〟や〝民主主義〟といった言葉も、占領下という時代の要請に応えるためでしかなかったかもしれない。

しかし、GHQと弱小地域新聞社は〝民主化〟〝民主主義〟という一点において「利害」が一致したのである。『葛飾新聞』創刊号発行は、幸運な歴史の瞬間だったといえよう。

さて、この創刊号に隅々まで目を通した後に私自身が受けた印象はといえば、一面の政治面からは真面目で硬派な印象を、二面の社会面からは、日本は戦争に負けて占領されていたということがリアルに感じられるなあ、というものだった。この時代を実体験したことのない者にとって、敗戦国日本、占領下葛飾をイメージすることはとても難しい。それは、現代からはすでに〝遠い昔〟のことであるからだ。

けれどもこの『葛飾新聞』創刊号からは、一九四七年の時代の空気が芬々《ふんぷん》と匂い立ってくるのである。

○「嬉しいお米配給

○……なんとかしましく、また晴れやかな笑い声であることよ……一ヶ月ぶりに聞いたお米配給の嬌声、深刻な笑顔、持込む人、持込まれる人もホッとした面持ちである。

○……今宵こそ粉食にモタれた胃袋は、人間以上にとまどうことだろう。食糧危機の前途を思えば、ウカツにのども通せぬ貴重な一粒……（写真は青戸四丁目水道路《みち》風景）」

○「焼跡に新庁舎　今年中に完成か

区役所の新庁舎建設は総選挙、町会廃止などのため停頓状態にあったが、公選区長の行政事務刷新によりようやく軌道にのって、遅くも今年中には完成すると関係係官は意気込んでいる。建設募金は昨年（※一九四六年）八月一日開始、六月一四日現在八四万一七円七九銭で目標の一〇〇万円にはいま一息、最初一階建の予定であったが都建設局営繕係の設計で総二階、木造スレートぶきに変更、面積八〇〇坪、職員三〇〇名を収容するほか、会議室、講堂、委員会室などがふくまれる。都の負担は三三〇万円に増額、なおこれと併行して新宿《にいじゅく》支所の新庁舎も場所その他を物色中である」

○「区内　労組団結の気運

区内各労働組合の間に信義と友愛に結ぶ共同行動の横のつながりを要望する声が高まっていたが、六日大日本機械青戸工場で第五回目の準備代表者会議を開き、賃金問題を中心に「葛飾地区労働組合連絡協議会」結成につき討議した結果、大体意見の一致をみたので、二〇日最終的な会合を行い一意結成につき進むことになった。なお世話人組合として今泉精機、鈴木金属、エムプレスベット商会、三菱製紙中川工場、日本建鉄中川工場、大日本機械青戸工場、日立亀有、関東金属労組があげられ、世界労連参加の足固めと区会に送りこんだ労働代表への激励、賃金、文化交流などの共通問題をとりあげ、働く者の生活改善を押すゝめる」

お米の配給記事に添えられた写真には、リヤカーに積まれた麻袋入りの米、腰をかがめて麻袋から米を量り出している主婦、その様子をみつめる脚をゲートル巻きした男たちなどが写っている。一か月ぶりに配給された米とあるから、その間どの家庭でも闇米やイモなどで食いつないだのであろう。敗戦後の食糧難という日常風景があざやかに描き出されている。

焼跡に新庁舎の記事は、葛飾区が受けた戦争被害を示している。一九四五年二月一九日午後三時過ぎ、葛飾区役所は飛来したB29が投下した焼夷弾（約三〇〇〇個）により全焼した。

その日以来葛飾区役所は、梅田国民学校（現梅田小学校）、次いで本田国民学校（現本田小学校）へと移転して業務にあたっていた。その区役所庁舎の再建計画が一九四七年六月に至ってやっと本格化した、ということなのである。記事に〝空襲によって焼失〟したことが伏せられているのは、GHQが発令したプレスコードに抵触するからだった。プレスコードというのは、一九四五年九月一九日にGHQが出した「日本新聞規則に関する覚書」の略称で、すべての新聞はこのプレスコードを遵守しなければならなかった。米軍による日本本土の空襲や焼跡に関する報道は、プレスコードの「連合国に関し虚偽又は破壊的批判をしてはならぬ」「連合国占領軍に対し破壊的な批判を加え、又は占領軍に対し不信若しくは怨恨を招来するような事項を掲載してはならぬ」という規定によって禁じられていたのである。

また区内工場の労働組合団結の記事は、日本国内の労働界の動きをそのまま反映したものであり、これは一九四五年一〇月にマッカーサーが幣原《しではら》首相（当時）に指示した五大改革のひとつ「労働組合の結成奨励」がバックにある。葛飾区内でも大工場を中心に労組結成が活発化していることが分かる。

さらに次の広告は、よりはっきりと占領下日本を物語る。東京の東の端で創刊された地域新聞の出版物案内が、「マ司令部労働課推奨」の『会議の運び方』という本であったのだ。

〇「発売中　　マ司令部労働課推奨

全逓《てい》宣伝部編
会議の運び方　定価一二・〇〇　〒一・二〇
マ司令部提供による最近の米国労働組合教育部発行の組合会議の種々法則を資料として編集された画期的な会議運営の指導書
本文九四頁、各頁毎に美しい挿画入りで、始めての人でも容易に理解出来る平易な文体、一読を乞う
東京都千代田区大手町一ノ七　振替東京一九五四五〇番
全逓本部出版部」

このように社会面の記事を読みこんでいくと、敗戦後の葛飾区の情況が浮かび上がってくる。当時の様子が少しリアルになる。『葛飾新聞』紙上の政治や社会の記事をたんねんに追えば、敗戦国日本、占領下葛飾の実相が見えてくるのではないか――それが私の読後の感懐であった。

『葛飾新聞』は創刊以降、一時期『葛飾自治新聞』と名称を変えたり（一九四八年三月七日〜一九四九年三月一三日まで）、編集発行所を青戸から亀有に移転したりしながら、月四回日曜日発行の地域紙として定着していく。

現在は姿を消した『葛飾新聞』だが、廃刊の正確な日にちは今のところ不明である。『葛飾区戦後史』によれば、一九七一年（昭和四六）に区長を選任する際(3)、「区議会では「区長選任特別協議会」を設け、一八万枚のチラシを配って区長候補者を公募、これに対し小川（孝之助）氏のほかに元収

入役の遠藤直氏、会社員の渡辺一輝氏、葛飾新聞社の石川長蔵氏が応募」とあることから、葛飾新聞社は一九七一年までは存続していたことが分かる。

葛飾中央図書館には、『葛飾新聞』(実物は傷みが激しいため複写のみ閲覧可)一九四七年六月一五日付創刊号から一九五二年五月二五日付号までが保存されている。一九五二年四月二八日がサンフランシスコ講和条約発効の日(同条約調印は一九五一年九月八日)、それに伴って日本を統治していた極東委員会、対日理事会、GHQが廃止された日であることを想起すれば、保存されている『葛飾新聞』は占領下葛飾を知る大きな手がかりとなる。

戦争に敗けた後、葛飾区内はどのような社会情況にあったのか、葛飾区民はどのような生活をしていたのか――『葛飾新聞』紙上に描き出された世界に分け入り、それらの実像に迫りたい。きっとそこから、現在の葛飾区がどのような時代を越えて今に至ったのかが見えてくるだろう。また葛飾区の背後に、日本社会のさまざまな顔ものぞき見ることができるだろう。

注

(1) 亀有楽天地というのは、JR亀有駅南口駅前にあった「特殊飲食店街=赤線=集団売春街」のことである。

(2) GHQがCIE(民間情報教育局)設立を命じた一般指令より『占領期メディア史研究—自由と統制・一九四五年—』

(3) 一九四六年九月、第一次地方制度の改正により、中央集権的だった地方制度を民主化・地方分権化するため区議会の権限拡張、区長の公選などが実施された。しかし一九五二年、地方自治法が改正されると区長公選は廃止され、議会による選任制となった。その後、一九七五年の再改正によって、現在のような区長公選が復活した。

参考文献

有山輝雄『占領期メディア史研究―自由と統制・一九四五年―』柏書房、一九九六年。
平井美智三『葛飾区戦後史』葛飾時事新聞社、一九八二年。
東京都葛飾区『増補葛飾区史・中』一九八五年。

Ⅰ．占領下の地域新聞

——一九四七年（昭和二二）

敗戦と新聞

敗戦による占領という事態は、日本社会に大きな混乱をもたらした。新聞界もこの状況に激しく揺れた。ここでは新聞界が占領軍による民主化政策をどのように受け入れたのか、また民主化政策と各地に生まれた新興新聞とのつながりについて記しておきたい。

一九四五年八月一五日正午、ラジオを通じて戦争終結の詔書が放送された。国民はこの時初めて天皇の声を聞き、戦争は敗けて終わったのだと知った。

八月二八日、連合軍の先遣隊が厚木飛行場に到着した。二日後の八月三〇日には連合国最高司令官マッカーサーが同地に降り立ち、その日のうちに横浜にアメリカ太平洋陸軍総司令部（GHQ／AFPAC）が設立された(1)。そして九月二日、東京湾に停泊していたアメリカ海軍戦艦ミズーリ号上で、日本は降伏文書に調印した(2)。占領軍の東京進駐は九月八日から始まる。

こうした激動の日々にも、新聞は休むことなく発行されていた。八月一五日、『朝日新聞』『毎日新聞』『読売報知新聞』(3)といった大新聞は、次のような見出しを掲げた。

「戦争終結の大詔《たいしょう》渙発《かんぱつ》さる　新爆弾の惨害に大御心《おおみこころ》
帝国四国宣言受諾　畏《かしこ》し万世《ばんせい》の為太平を開く」（『朝日』）
「聖断拝し大東亜戦終結　時局収拾に畏き詔書を賜《たま》ふ
四国宣言を受諾　万世の太平を開かん　新爆弾惨害測るべからず」（『毎日』）
「戦争終局へ聖断・大詔渙発す　帝国政府四国共同宣言を受諾
万世の為に太平開かむ　畏し敵の残虐民族滅亡を御軫念《しんねん》
神州不滅総力建設御垂示《すいじ》」（『読売報知』）

三紙の見出しは、どれもよく似ている。三社は政府情報局からの厳しい言論取締りを受けつつ、それに従いながら紙面作りをしていた。

政府は八月一五日を迎える前から国体護持のための輿論《よろん》指導方針——天皇制を今までどおり維持するために、国民の意識をその方向に操作する——を強く打出しており、新聞社はそれに「極めて忠実に、且つ使命感をもって」[4] 応えたのである。

紙面には、「敗戦は一方的に襲来する暴風雨のような自然災害のもたらす「悲運」「苦難」であるかのごとくイメージされ、それに耐えなければならないことが主張され」「悲劇化された天皇への自己陶酔的なまでの恭順が強調され、読者にそれへの同調を求め」るような文言が並んだ。そして、突然の「戦争終結」に対し、それをどう受けとめたらよいのか途方にくれる国民の意識を「「聖慮宏遠《せいりょこうえん》」にひたすらに恐懼《きょうく》し「一億相哭《そうこく》」「慟哭涕泣《どうこくていきゅう》」するという感傷的悲劇化」によって、「天皇と国民との一体感の強化をはかる」[5] ことが企図された。そのため敗戦の実態は曖昧になり、政府や軍の責任は問われることがなかった。

『朝日』『毎日』『読売』といった大新聞がなぜこうした紙面作りしかできなかったのかといえば、たくさんの法令が言論や言論機関を縛り続けたために、新聞は政府や軍の見解を国民に伝え、煽動する道具になり下がっていたからである。新聞を縛っていた法令は以下の通り。

・新聞紙法（一九〇九年）
・不穏文書取締法（一九三六年）
・軍機保護法（一九三七年）
・国家総動員法（一九三八年）
・軍用資源秘密保護法（一九三九年）
・新聞紙等掲載制限令（一九四一年）
・新聞事業令（同年）
・言論出版集会結社等臨時取締法（同年）
・言論出版集会結社等臨時取締法施行規則（同年）
・国防保安法（同年）
・重要産業団体令及重要産業団体令施行規則（同年）
・戦時刑事特別法（一九四二年）[6]

こうした日本の新聞の状況に対しＧＨＱは次々と指示・命令を出し、旧法を失効させていった。

一九四五年九月一〇日　「言論及び新聞の自由に関する覚書」
〃　九月一九日　「日本新聞規則に関する覚書」（プレスコード）
〃　九月二四日　「新聞の政府よりの分離に関する覚書」
〃　九月二七日　「新聞の自由に関する追加措置」
〃　一〇月四日　「政治的・市民的及び宗教的自由に対する制限の撤廃に関する覚書」

九月二日に日本が降伏文書に調印してから、ＧＨＱが矢継ぎ早に新聞、出版、映画、放送などのメディアに対する指示を出したのは、それらが国民を軍国主義へと向かわせる大きな役割を果たしたと考え、緊急に対応を要すると判断したからである。

ＧＨＱは日本の軍国主義を払拭し民主化を推し進めるために、メディアに対して「言論の自由」「表現の自由」を保障した。特に新聞に対しては「新聞の政府よりの分離に関する覚書」を発して、「言論の自由」に基づいたジャーナリズム本来の活動を行うように求めた。アメリカ人にとって、「自由」は真理であり正義である。ＧＨＱがその「自由」によって日本のジャーナリズムを軍国主義から解放することは、民主化のための第一歩なのであった。

しかし、日本の新聞はＧＨＱの意図を理解することができなかった。八月一五日から一か月ほどたっても、新聞は政府情報局の意向に添った、ＧＨＱの反発を買うような記事を掲載し続けていた。こうした状況にＧＨＱのフーバー大佐は日本の言論報道界幹部を呼びつけ、以下のように通告した（一九四五年九月一五日）。

「最高司令官は、日本政府、新聞放送が、九月一〇日の指令（言論及び新聞の自由に関する覚書）に対してとってきた行動に満足していない。（中略）マッカーサー将軍は、連合国がいかなる意味においても日本を対等とは見なしていないことを諸君がはっきり理解することを望んでいる。日本は、文明諸国の中の一員として権利をまだ示していない敗戦国なのである。諸君が国民に報道してきた色付きのニュースは、最高司令官が日本政府と交渉しているという印象を与えている。交渉などというものはまったく存在しない。（中略）最高司令官は、日本政府に命令を与えているのであり、交渉しているのではない。交渉というのは、対等の関係において行われるものだ。日本国民は、自分たちが既に世界の尊敬を回復したとか、最高司令官の命令について『交渉』できる地位にあるとかいったことを信じ込まされるべきではない。こうしたニュースの歪曲は、即刻中止しなければならない。

諸君は、君たちの人民に真実を伝えていないという点で公安を害しているのであり、諸君は日本の置かれた実相についての不正確な姿を作りだしている。

諸君は諸君が発行してきた記事の多くが虚偽であることを知っているはずだ。今後、日本国民に報道される内容は、より厳しく検閲される。新聞と放送については、百パーセントの検閲を実施する。虚偽の記事、誤解を与える記事は、今後許されない。連合国への破壊的批判も禁止される（以下略）」[7]

さらにGHQは九月一八日、一九日の両日、『朝日新聞』に発行停止を命じた。こうしたことは『朝日』のみならず『毎日』や『読売』にも大きな衝撃を与え、言論報道界の人々は、メディアを支配する権力は政府情報局からＧＨＱに移ったのだ、と思い知らされることになった。そしてそれからの日本の新聞は、ＧＨＱの意向に迎合・協調するようになり、民主主義推進の論調へと変わっていったのである。

『占領期メディア史研究――自由と統制・一九四五年――』の著者はこうした新聞の変わり身の早さについて、「協調する相手を一つの権力から別の権力に乗り換えただけであって、自由で独立した新聞ジャーナリズムとしての自己形成への途に向かったということではない。何故なら、そこには、そうした自己形成に伴うべき、これまでの自らの活動への峻厳な自己批判が欠けていた」と指摘している。

ＧＨＱは日本を民主化するために、言論、新聞、出版、表現などの自由、さらに政治的自由、市民的自由、宗教的自由を保障した。けれども「言論の自由」「新聞の自由」については、「自由」の裏に検閲という「統制」が準備されており、一九四五年一〇月八日から東京の五大新聞（『朝日』、『毎日』、『読売』、『東京』、『日本産業経済』）に対する事前検閲が始まった。その検閲は、「日本新聞規則に関する覚書（プレスコード）」（九月一九日発令）に準拠して行われた。

〈プレスコード〉

1．ニュースは厳格に真実に符合しなければならぬ

2．直接たると間接たるとを問わず、公共安寧を紊《びん》するような事項を掲載してはならぬ

3. 連合国に関し虚偽又は破壊的批判をしてはならぬ
4. 連合国占領軍に対し破壊的な批判を加え、又は占領軍に対し不信若しくは怨恨を招来するような事項を掲載してはならぬ
5. 連合軍部隊の動静に関しては、公式に発表されない限り発表又は論議してはならぬ
6. ニュースの筋は事実通りを記載し且つ完全に編集上の意見を払拭したものでなければならぬ
7. ニュースの筋は宣伝の線に沿うように脚色されてはならぬ
8. ニュースの筋は宣伝の企図を強調し若しくは展開すべく針小棒大に取扱ってはならぬ
9. ニュースの筋は重要事実又は細部を省略してこれを歪曲してはならぬ
10. 新聞編集に当ってはニュースの筋は宣伝の意図を盛上げ又は展開する為め特に或事項を不当に顕出してはならぬ(8)

プレスコードの前文には、「この新聞規定は新聞に対する制限ではなくて、自由な新聞の持つ責任とその意味を日本の新聞に教え込むためである」とあったが、条文の表現が曖昧なため、日本の新聞記者たちは困惑した。もし検閲に引っかかっても、処分の理由についてGHQ内の担当局からの説明はなく、新聞社側から問い合わせる権利もなかった。

ある新聞記者は「検閲方針については、一切の質問、話し合いが認められなかったため、矛盾は矛盾として「パスした記事で早急に紙面を作る」と割り切るしか方法がない。なぜ保留になったの

か、一部削除になったのかと個々の記事について推測、憶測を重ねていては仕事にならない。（中略）連日締め切り時間、降版時間とのたたかいであった」と回顧している。(9)

検閲では、占領軍に不利な事実、民衆から恨みをかうような事実、ＧＨＱの政策批判、総司令官マッカーサーの私生活にわたるものなどは厳しく削除された。『占領下の言論弾圧』によれば、次のような語句・文章がカットされたという。

・「マ司令部、関係方面に陳情」および「ジープ、ＭＰ（※ミリタリーポリス）が出た」などの削除多数
・「冷蔵貨車一五〇〇輛中、六〇〇輛は連合軍が使用している」との国会発言
・「犬死したと思われた幾百万の英霊もはじめて尊い犠牲となって生きかえる」
・〇〇村の米軍が引揚げるとの移駐記事
・ジープに応援を求めＧＩが威嚇射撃した
・「大男が指揮、六人組短銃強盗」の大男の形容、「六尺近い」が削除
・英霊、軍神、勇士はだめ、大東亜戦争は太平洋戦争に改められた
・労働攻勢は労働運動に、闘争も運動、紛争や争議は交渉に、職場離脱は集団欠勤に、ワイルド・キャット・ストライキは山ねこ争議とすべて訂正
・「年内に失業者五〇〇万人」が刺激的であると削除
・「食糧難ゆえに犯した」「食糧難ゆえの一家心中」がカット
・満州引揚者の悲惨なこと、引揚促進大会の悲惨な場面の写真はカット

・広島・長崎原爆、本土空襲、焼跡に関する報道は不許可
・伝染病記事のセンセーショナルなものはカット
・亀有方面の水害地救済の記事中、下痢患者四五〇、うち赤痢二名の個所削除（※水害：カスリーン台風のこと）
・水害地各所に救護班が活躍しているとの文中、疫病の危険にふれた箇所が見出し、本文共に削られた。また関東水害における伝染病発生状況の厚生省への報告も削られた

こうした削除・訂正は、ひじょうに多岐にわたった。新聞社側は、事前検閲は戦中にもあったがその頃よりも厳しい、と神経質になる一方、「新聞製作の事務的な面からいえば、日本の新聞は、戦時中の経験でこの制度には慣れていたので、事前検閲の制度自体については、大した不自由は感じなかった」(10)と、とらえる者もいた。

大手新聞社、通信社に対するＧＨＱの事前検閲は一九四八年七月一四日まで続き、翌日からは事後検閲へと移行した。すると、次のような事態に立ち至った。

「七月一五日、日本の大新聞にたいする事前検閲が廃止されていらい、日本の新聞記者はどの記事がマッカーサー将軍のプレスコードにふれるかということを、自分たちで、決定せざるを得なくなった。……その結果、共産党機関紙アカハタおよび同類紙をのぞく総ての新聞が、いちじるしく超保守的になった。新聞の責任者たちは……占領軍にたいする批評、あるいは『不精確なニュース』を禁止する司令部の命令に違反してＧＨＱから報復されるよりも、問題の記事をさしひ

かえる方が安全だと考えた」[11]

新聞社が恐れた報復というのは、用紙の配給停止や発行停止処分、会社の解散命令、軍事裁判などである。大新聞社のこうした保守的な態度にＧＨＱは安心し、事後検閲も約一年後の一九四九年一〇月二四日には中止になり、以後検閲はなくなった。しかしプレスコードは、一九五二年四月二八日に対日講和条約が発効して占領が終了し、ＧＨＱが廃止されるまではメディアに脅威と圧力を与え続けた。

占領下に日本の大新聞が示した態度については、さまざまな批判がある。

・日本の新聞ジャーナリズムは、戦時中も占領下も言論の統制にひたすら専念し、時の権力に抵抗することがなかった
・与えられた自由も課せられた統制も、そのまま新しい洋服に着替えるように従順に受け入れた
・「新聞の自由」「言論の自由」などを掲げてＧＨＱの検閲を批判したり、国民に検閲の不当性を訴えたりするなど思い至らなかった……

その様子は、「脅えつつ、だが実務的には器用にその制約の下で新聞を日々制作していく。それが当時の新聞人の態度であった[12]」と、指摘されている。

日本の新聞界は敗戦によって法的には軍国主義の桎梏から解き放たれ、「自由」を手に入れた。けれどもこの「自由」は、みずから勝ち取ったものではなかった。そのため「新聞の自由」「言論の自由」「民主主義」といった事柄について、新聞は手さぐりで自身のものとすべく格闘せねばならず、

また新聞の戦争責任についても、まぬがれられない罪として負わねばならなかった。「新聞はどうあるべきか」――大新聞にとっての戦後は、こうしたことの模索と検証の年月であったといえよう。(13)『朝日』『毎日』『読売』といった中央の大新聞が、与えられた「自由」と検閲という「統制」との間で神経をすり減らしていた時、爆発的な勢いで創刊、復刊を続けていたのは全国の新興新聞だった。「言論の自由」「新聞の自由」が、彼らの熱意を後押ししていた。

その新興新聞の数は、GHQの検閲を受けた新聞社数をまとめた表から推し測ることができる。

一九四五年	九月	（事前）四社	（事後）七〇社	
	一〇月	一〇社	二一二社	
	一一月	一四社	七〇三社	
	一二月	一六社	一五〇〇社	
一九四六年	一月	一七社	二七一六社	
一九四七年	一月	五三社	八四九三社	
	六月	六九社	一一、一一一社	（『葛飾新聞』創刊）
	八月	四五社	一三、四一五社	
一九四八年	一月	七一社	一二、三一三社	
	二月	七一社	一一、八三八社	

（『占領期メディア分析』「事前検閲の新聞社、通信社数の推移」表より）

ＧＨＱが事前検閲としたのは『朝日』『毎日』『読売』といった全国紙や地方の有力紙、全国紙の系列新興日刊紙、左翼的傾向の強い新聞などであり、事後検閲に回されたものこそが、おびただしい数の全国の弱小新興新聞であった。

新聞検閲について書かれた文章には次のような記述があり、オール検閲となった一九四五年一二月二六日以降、全国津々浦々の小新聞がＧＨＱのもとに届けられていたことが分かる。

「この（検閲の）拡大による対象物は、東北の山間の小学分教場の壁新聞から、九州炭鉱街の広告新聞にいたるまで、大手日刊紙はもちろん政党紙、娯楽紙、団体紙、児童紙、地方サークル紙にいたるまで一切のものが対象となった(14)」

では、具体的にはどのような新興新聞があったのか。『日本新聞年鑑・昭和二二年』のなかから、新時代を象徴するような新聞をあげてみよう。（東京地域、一九四五年一〇月～一九四六年一二月までの創刊、発行部数記載なし）

人民新聞（同社）	月六回
自由新聞（同社）	週刊
日刊新聞（同社）	週刊
キリスト新聞（同社）	週刊

労働民報（民報社）	週刊
日本婦人新聞（同社）	週二回
女性新聞（日本基督教女子青年会）	旬刊
婦人民主新聞（同社）	週刊
少年タイムス（同社）	週二回
子供マンガ新聞（同社）	週刊
青年新聞（同社）	週刊
ジュニアタイムス（同社）	週刊
民生新聞（同社）	週刊
文化新聞（同社）	週刊
日本読書新聞（日本出版協会）	週刊
科学文化新聞（同社）	週刊
スクリーンアンド、ステージ（映画演芸社）	週刊
アメリカ、アンドジャパン（日米新聞社）	週刊
解放新聞（同社）	月六回
朝鮮新聞（同社）	週刊
日本教育新聞（同社）	週二回
新聞之新聞（同社）	週三回

アカハタ（同社）　月一〇回
青年の旗（青年共産同盟）　月三回
社会新聞（日本社会党本部）　週刊
労働（労働組合総同盟）　週刊
労働戦線（全日本産業別労働組合会議）　週刊
平民新聞（日本アナキスト連盟）　週刊
映画演劇（日本映画演劇労働組合出版部）　週刊
カトリック新聞（中央出版社）　週刊
帝国大学新聞（同社）　週刊

これらの新聞名をみると、戦時中に禁圧されていた政治、教育、文化、宗教、労働などの団体が、一斉に息を吹き返したかのようである。こうした新聞の多くは週一回発行、発行所は千代田区、中央区、港区などに集中している。戦前からの日本の中心地は、焼土のなかからの立ち上がりも早かった。

さて、『葛飾新聞』のような極めてローカルな地域紙は、戦後の東京においてどれほどが発行されていたのだろうか。

『日本新聞年鑑・昭和二六年』版に貴重な記録が残されていた。各府県新聞協会の案内のなかに「東京都新聞協会」（一九五〇年一〇月一日設立、千代田区丸ノ内三丁目一番地　東京都知事室広報部内）があり、そこに会員社五〇社が列挙されている。これによって、都内各地でさまざまな地域新聞が発行されていたことが分かる。

千代田週報　東京民論新聞　荒川商工民報　荒川新聞
官公タイムス　区民新聞　都政新報　都情報
丸の内タイムス　日曜夕刊　文化界　東京都新聞
東京民友新聞　世田谷新報　民友新報　東京都政毎日新聞
港区新聞　渋谷新報　東都実業新聞　東京時事新聞
東京実業新聞　時代新報　新都民新聞　都政合同通信
山手新聞　西東京新聞　練馬新聞　東京都政新聞
台東区民新聞　中野タイムズ　東京区民新聞　警察消防
東京都民新聞　新日本　議会新聞　城南工商新聞
墨田区民新聞　豊島新聞　江戸川新聞　大田区民新聞
都民タイムス　世論通信　江戸川区民新聞　京浜民友新聞
東京日報　北区新聞　東京中央新聞　東西南北

政財界や官界、商工業を主テーマとする新聞に混じって、千代田、港、台東、墨田、大田、世田谷、渋谷、中野、豊島、北、荒川、練馬、江戸川といった区名を冠する新聞も多数存在していた。

このようにたくさんの新興新聞が日本中で誕生したのにには、いくつかの理由がある。

まず第一には、前述したように、占領軍によって「言論の自由」「新聞の自由」をはじめとするさまざまな「自由」を与えられた、ということがある。新しい新聞を発行しようとする人々は、大新聞のように戦争に加担したという傷を持たず、戦後の新時代を背負うと意気盛んであったという。

第二には、GHQが新興新聞に対して新聞用紙割当の便宜をはかった、ということがある。GHQは大手新聞社の体質（時の権力に従順、簡単に主義主張を変える、ジャーナリズムとして権力監視の役割を果たしていない、など）改善には手間がかかるが、過去にしがらみのない新聞は、軍国主義を追放し民主化をすすめる手段として有効と判断し、新聞用紙割当の面から支援した。

一九四五年一一月に「新聞及出版用紙割当委員会」が設置されると、「GHQの指導も受け、原則的には新興紙に対しては申請量の七五パーセント、既存紙[15]については敗戦時の実績を基準として、用紙の割当が行われた」。そして、「新興紙に対して優遇して用紙を割り当てたことが、新興紙の誕生を促す契機の一つとなった[16]」。

さらに、「GHQの指示に基づいて作成された四六年七月の用紙委員会の割当基準では、『新興紙に対する割当は最大六万部とし、増加する場合も創刊後二ヵ月目に一〇万部、五ヵ月目に二五万部、六ヵ月目に三〇万部を限定として増配する[17]』」と決まり、三大新聞の発行部数には遠く及ばないものの、相対的には優遇されたのである。

第三には、めまぐるしく変わる時代のなかで、日本中の人々が新しく正確な情報を求めた、ということがある。

占領下に一般の人々が接したメディアは、新聞、ラジオ、雑誌、書籍類であった。当時は「活字が刷ってあれば何でも売れる」「印刷してあれば飛ぶように売れる」(18)といわれるほどで、人々はむさぼるように活字を求めた。軍国主義国家から民主主義国家へと激変する世の中を生きていくためには、たくさんの新知識や情報が必要だった。大新聞は一九五一年まで新聞用紙割当量が抑えられていたため、新しい新聞購読希望者が結果的に新興新聞の方に流れ、部数を伸ばしたのである。

また『葛飾新聞』のような地域新聞の興隆も、生活に密着した情報を求める人々によって支えられていた。

一九四七年四月一日、ＧＨＱの指令によって「町内会・隣組・部落会」が廃止された。ＧＨＱは天皇を頂点とする国家主義体制の上意下達の命令系統の底辺に「町内会・隣組・部落会」があると考え、「ファシズムを『草の根』的に支え、今後の日本社会の民主化を阻むものと町内会をとらえ、廃止しようとした」(19)。

これによって困ったのは地域住民たちである。今まであった町内の回覧板、寄り合い、恒例行事などが一切禁止され、行政からの情報や地域の連絡が行き届かなくなってしまった。次々と公布される新しい法律の説明、物資配給のお知らせ、学校の手続き、公定価格や新円の切り替え……。生活にかかわる、小さな、けれども重要な情報を入手する手段として地域新聞への期待は大きかった。(20)

ところで、先にみた『日本新聞年鑑・昭和二六年』のなかの「東京都新聞協会」会員五〇社に葛飾新聞社は所属していなかったのだが、『日本新聞年鑑・昭和二八年』のなかに発見することができた。「日本新聞協会非加盟主要新聞・通信一覧」の「一般非日刊紙（一〇九紙）」に、

葛飾新聞　林満　葛飾新聞社　葛飾区亀有町四ノ七一〇
（新宿三〇二一（※電話番号））
40（※四万部）　週刊　Ｂ３

とあり、発行部数はこの時四万部であった。葛飾区の一九五〇年の人口は約二四万五〇〇〇人、一九五五年が約二九万五〇〇〇人であったことから考えると、購読率は割合高く、弱小新興地域新聞としてはよく健闘している。

このように新興新聞はＧＨＱの民主化方針や自由化政策、国民の情報を求める気持ちに後押しされて急成長したが、時代とともにそうした条件が変化したり、他のものに取って代わられたりした時、存在の意義は急激に薄れていった。

『戦後新興紙とＧＨＱ』には、「（日刊の）新興紙で占領終結後も生き残ったのは、『東京タイムズ』など十数紙に限られ、しかも既存紙の影響力を脅かすような力を持ち得るものはほとんどなかった。それらも、その後次第に姿を消している。その他は、いずれも部数の僅少なコミュニティーペーパーか、スポーツ紙と娯楽中心の夕刊紙ばかり」とあり、新興新聞の前途が明るいものではなかったことを示している。

一方、大新聞は新聞用紙統制が廃止（一九五一年）されて以降部数を伸ばし続け、現在では『朝日』『毎日』『読売』『東京』『日本経済』の五社体制が確立している。(21)

新興新聞は占領下の「自由」や「民主主義」の光のもとに誕生した。しかし、大新聞社の資本力や競争力、経営戦略といった巨大な力にはたち打ちできないまま、やがて消えていくのである。

注

(1) 一九四五年一〇月二日に連合国最高司令部(GHQ/SCAP)が正式に発足。AFPACは占領軍の主に軍事部門を担当し、SCAPは占領統治と行政にかかわる非軍事(民政)部門を担当した。両者がGHQを構成したが、一般にはGHQ/SCAPを単にGHQと呼ぶことが多い。

(2) 日本が署名した降伏文書の相手国は、アメリカ、中国、イギリス、ソ連、オーストラリア、カナダ、フランス、オランダ、ニュージーランドの九か国。

(3) 『読売新聞』は一九四二年八月『報知新聞』と合併し、一九四六年四月末まで『読売報知新聞』と称していた。

(4) 『占領期メディア史研究―自由と統制・一九四五年―』。

(5) 同右。

(6) 『占領期メディア分析』。

(7) 『占領期メディア史研究―自由と統制・一九四五年―』。

(8) 『日本新聞年鑑・昭和二二年』。

(9) 山本武利「検閲とメディアのブラック化」『占領期雑誌資料大系・文学編Ⅱ』。

(10) 新井直之「占領政策とジャーナリズム」『共同研究　日本占領』朝日新聞社代表取締役だった長谷部忠の記述より。

(11) 『占領下の言論弾圧』AP通信東京支局長ラッセル・ブラインズの一九四八年八月一二日の記事より。

(12) 新井直之「占領政策とジャーナリズム」『共同研究　日本占領』。

(13) 『朝日新聞』は二〇〇七年四月から「新聞と戦争」「記者風伝」「検証　昭和報道」等の記事を連載、読売新聞社も二〇〇六年に『検証　戦争責任』を出版している。また『毎日新聞』記者であった前坂俊之は『太平洋戦争と新聞』（二〇〇七年）を著わして、新聞の戦争責任を問うている。
(14) 福島鋳郎「占領初期における新聞検閲」『共同研究　日本占領軍　その光と影・上』。
(15) 一九四五年一一月の三大新聞発行部数は以下の通り。
『朝日』　三三一万九二〇一部
『毎日』　一四六万二四〇〇部
『読売』　一六二万七六七六部（『占領期メディア分析』）
(16)『戦後新興紙とGHQ』。
(17)『占領期メディア分析』。
(18)『戦後新興紙とGHQ』。
(19) 田中重好「町内会の歴史と分析視角」『町内会と地域集団』。
(20) 葛飾区の場合、一九四八年九月に広報紙として「葛飾区政ニュース」が発行されたが、情報量は多くなかった。同紙は一九五一年四月に「葛飾区のお知らせ」となり、現在は改題されて「広報かつしか」となっている。
(21) 二〇一四年現在の新聞の発行部数は以下の通り。
『朝日』　七五〇万部
『毎日』　三三九万部
『読売』　九四八万部
『東京』　三三四万部
『日本経済』　三〇一万部

参考文献

日本新聞協会『日本新聞年鑑・昭和二二年』電通、一九四七年。
日本新聞協会『日本新聞年鑑・昭和二六年』電通、一九五一年。
日本新聞協会『日本新聞年鑑・昭和二八年』電通、一九五三年。

有山輝雄『占領期メディア史研究―自由と統制・一九四五年―』柏書房、一九九六年。

山本武利ほか『占領期雑誌資料大系・文学編Ⅱ　表現される戦争と占領』岩波書店、二〇一〇年。

松浦総三『占領下の言論弾圧』出版ニュース社、一九七四年。

山本武利『占領期メディア分析』法政大学出版局、一九九六年。

思想の科学研究会『共同研究　日本占領』徳間書店、一九七二年。

思想の科学研究会『共同研究　日本占領軍　その光と影・上』徳間書店、一九八五年。

倉沢進ほか『町内会と地域集団』ミネルヴァ書房、一九九〇年。

井川充雄『戦後新興紙とＧＨＱ』世界思想社、二〇〇八年。

前坂俊之『太平洋戦争と新聞』講談社、二〇〇七年。

足立巻一『夕刊流星号――ある新聞の生涯』新潮社、一九八一年。

竹前栄治『ＧＨＱ』岩波書店、二〇〇七年。

カスリーン台風の襲来

『葛飾新聞』が創刊された年、一九四七年当時の葛飾区はどのような状況にあったのだろうか。

葛飾区は東は江戸川をはさんで千葉県松戸市と対面し、西は荒川放水路、綾瀬川をはさんで墨田区と向き合っている。北は足立区、埼玉県三郷市、八潮市と接している。区の中央には中川が南流している[1]。そして四方八方に、まるで網の目のように農業用水路が張りめぐらされている。これは水田耕作のためのもので、葛西用水（利根川より）、上下之割《かみしものわり》用水（水元小合溜《みずもとこあいだめ》より）の支線である。一九四七年当時、農地は区面積の三割ほどで、水元、奥戸、細田、西亀有、青戸などに田畑が広がっている。

区の人口は一八万一九六六人（五万九一世帯）、亀有、金町《かなまち》、新小岩の各駅（国鉄、現ＪＲ）、堀切菖《しょう》蒲《ぶ》園、お花茶屋、青砥、高砂、四ッ木、立石《たていし》、柴又、金町の各駅（京成）周辺に住宅地が形成されている。木造の簡素で小さな平屋が多い。

近代の葛飾区は、綾瀬川沿いの西側から発展してきた。一九二三年（大正一二）の関東大震災をきっかけに、浅草、本所、向島方面からの人口流入が始まり、堀切、四ッ木、木根川（東四つ木）、渋江（東立石）あたりに住宅が増え始めた。そして一九三二年（昭和七）の葛飾区成立（＝南葛飾郡からの東京市への編入）を経て、住宅地の中に小さな町工場や商店街が混在する一帯が形成されるようになり、市街地が東へ東へと拡大してきたのである。

一方で葛飾区には、川沿いに大工場がいくつも立地している、という特徴もあった。特に中川と綾瀬川沿いには舟運を利用したり、水そのものを利用したりする大工場が古くからあった。たとえば中川沿岸には金町に三菱製紙（一九一七年［大正六］）、亀有に日本紙業（一九一三年［大正二］）、青戸に東洋インキ（一九〇七年［明治四〇］）、立石に宮本染色（一九一九年［大正八］）など、綾瀬川沿岸には堀切にミヨシ油脂（一九三七年［昭和一二］）、新小岩に那須アルミニューム（一九二八年［昭和三］）、理研鋼材（同年）といった具合である。これらの大工場や町工場は早くも戦後復興の途についている。

一九四七年当時の葛飾区は、堀切、四ッ木、立石、亀有、新小岩あたりににぎやかな人口密集地があり、川沿いに大小工場、ほかは全体に農村の面影が色濃かった。特に中川の東側には樹木に囲まれた農家の家屋敷が点在し、古い街道（水戸佐倉道）沿いには江戸時代の宿場の名残を感じさせるような建物も残っている。

新旧の時代が入り混じりながら、畑や田んぼの片隅にトタン屋根の工場《こうば》がある、新しい住宅が次々とできる、そうした風景があちこちに広がっている――これが戦後二年目の葛飾区の姿である。

戦争に敗けてから二年間、世の中は激動した。日本国民は天皇を頂点とする国家主義・軍国主義体制から、連合国軍による占領、民主主義国家体制へと、大きな時代の転換を経験する。終戦の日からひと月ほど後、ＧＨＱによって東条英機ら三九人が戦争犯罪人として逮捕された。戦争中は泣く子も黙る東条も、ただの罪人になった。さらに一九四六年一月一日、天皇が「新日本建設に関する詔書」を発表した。これは〝人間宣言〟とも称されるもので、天皇みずから現人神《あらひとがみ》であることを否定した。荒唐無稽とも思えるこの宣言は、新しい時代を迎えるための通過儀礼として必要なセレモニーなのだった。

1950年（昭和25）の常磐線亀有駅

　国民はマッカーサーやＧＨＱが日本政府に対して発するさまざまな指令、命令、覚書等によって時代が急速に変化していることを実感した。マッカーサーの民主化五大改革指令（一九四五年一〇月一一日、①選挙権付与による日本婦人の解放、②労働組合の結成奨励、③より自由な教育をおこなうための学校の開設、④秘密警察の廃止、⑤日本の経済機構の民主化）、市民生活を弾圧する旧法の廃止（2）、財閥解体（一九四五年一一月六日）、農地改革（一九四五年一二月九日、二九日、一九四六年一〇月二一日）、そして日本国憲法公布（一九四六年一一月三日）と、矢継ぎ早に民主化は進められた。

　一般国民にとって民主主義は選挙体験によってリアルにな

った。日本国憲法は性別、財産、身分に関係なく、ある一定の年齢になれば選挙をする権利と、選挙に立候補できる権利とを保障した。女性たちは初めて投票所へ足を運び、たくさんの女性議員を誕生させた。一九四七年に葛飾区民が体験した選挙は左記のとおりである。

四月　五日　東京都知事選（これまでは官選）

〃　　葛飾区長選（これまでは東京都知事が任免）

四月二〇日　第一回参議院議員選

四月二五日　衆議院議員選（全国・地方）

四月三〇日　都議会議員選

〃　　区議会議員選

そしてこの時の衆議院議員選挙では、社会党一四三議席、自由党一三一議席、民主党一二四議席、国民協同党三一議席、共産党四議席、無所属・諸派三三議席という結果となり、吉田茂内閣は総辞職（五月二〇日）、片山哲内閣が成立した（六月一日）。片山内閣は社会、民主、国民協同三党による社会党首班内閣だった。敗戦以来続く混乱のなかで、国民は旧体制の匂いを嫌ったのだろう。『葛飾新聞』はこうした時代の流れを背景に、先に述べたような農地と工場と住宅地が混在するような土地で創刊されたのである。

さて、創刊号に続く第二号（一九四七年七月一日付）、第三号（同年七月一五日付）の紙面を見ていくことにしよう。第二号の主だった見出しは次のようなものである。

○「区議会　諸条例俎上に　常任委員会決る　熱論湧く民生問題」

○「解説　区税条例の性格」
○「新人議員区会報告　私はかく闘えり（2）自由クラブ　矢代利栄」
○「主張　委員活動を即開せよ」
○「建言　新教育と〝父母と先生の会〟ＰＴＡ運動について」
○「環状都営バス実現か　都も力こぶ　区議会動く」
○「秋の覇権は　目立つ職場チーム　区内軟式球界の展望」
○「幸運の住宅くじ」
○「梅田文化婦人会」
○「青年団だより」
○「頭痛の種　校舎難」
○「郷土葛飾ものがたり　葛飾の黄金郷　江戸銭座屋敷あと」
○「街のうごき」
○「街の声」

この第二号からは、以下の三つの記事を紹介したい。

○「建言　新教育と〝父母と先生の会〟ＰＴＡ運動について　三沼　登志雄

アメリカの教育使節によって新なる方向を指示された戦後の日本教育は、いわゆる「新らしき革袋には新らしき酒」を〇〇〇急速に詰め替へなければならぬ当然の帰結にせまられている。ロには家庭教育云々叫ばれたにもかかわらず、実際の場合においては学校は上司や権力の前に一も二も無くてい頭し、見せかけ一点張りのみに究々として児童の家庭内における実態を知らず、父兄または吾子、学校側にのみ依存して、上級学校への入学間際に至ってはじめて大あわてにあわてて、やれ教師との懇談会の連絡会のと騒ぎ廻り、教師もまた父兄のこの弱点に乗じて中には破れんち的な行為をするようなものも出て来る始末である。

さて一方唯一の連絡団体であるべき筈の学校後援会は、単純に伝統のみを固守したり形式的なおざなりな会合に暇をつぶしたり、さもなくば名誉欲のみを満たそうとするような、一部の暴君の専制に思いのまま引きずられたりして辛うじて若干の経済的援助を与えるというのみに止まり、こうした会が自体本来の使命とせねばならぬ筈の真実の探究、ひいては児童の人格完成という風な重大な学校事業に対する積極的な協力ということに対しては、全く無関心であった。いや、先ず学校そのものからがして、経済的方面以外のことがらについてはむしろ敬遠するような傾きさへあったことは決して否めまい。

こうしたくだらぬ惰性を打破するために、このたび連合軍司令部によって指示された、全国学校後援会父兄会の全面的改組に依る新たなる「父兄と先生の会」（略称ＰＴＡ）の設立目的があり、また日本教育の打開の道をこのＰＴＡ運動を押し進めることによってのみ達せられるのである。

とも角、今後の教育の在り方は、教師、児童、父兄の三者が、同一線上に互にスクラムを組み、不離不即となって最善をつくす可きであって、学校の独断や父兄の専横などによって、その型を破壊してはならないのである。

従って六三制の完全実施即ち、教員の不足、教科書の入手難、校舎教具の不完全等々の問題を始めとして、緊急を要する課題の山積している今日、学校後援団体の理事者達が、このPTAの趣旨を解せず旧体いぜんたる空疎なおざなりの長談議に時を費やすならば一刻も早くその態度を自覚するか、若しくは自ら退陣す可きであるし、教員諸氏もまた、かつての日の待遇改善の主張の際示したあの一大熱意を今こそより大いなるPTA運動の目的に向って注がねば、いたずらに世人の物笑いとなるばかりであろう」

○「頭痛の種　校舎難

六・三制の発足とともに本区にも一一校の新制中学が、まがりなりにも小学校に間借りして、男女中学生五一二二名を収容授業を開始したが、来年度には四四三二名の小学六年生の進学者と約五〇〇〇名の新入学児童を迎えてどう収容するのか。現状のままでは三部四部教授もよぎなくされ、今年中にはあや瀬川、亀有、葛飾校の新増築等が予定されているが、深刻な校舎難、資材難の前には、いぜん焼石に水である。区当局では遊休工場の校舎転換、学級の定員増加、また教員不足の原因となっている教員の区内住宅確保にも頭を悩ましている」

○「幸運の住宅くじ

くじにあたれば木材、クギ、電線などの住宅資材がそっくり丸公（※公定価格）で配給されて、たちどころに家が建つという宝くじ以上の興味ある抽せんが毎月二回づつ行われているが、ただ

1946年（昭和21）、児童数急増による仮校舎での授業

宝くじのように誰にも手が出せぬのが玉にキズ。その種明し――。まず区の建築係に「臨時建築制限規則による（及び資材割当）申請書」を出すと、ここから戦災復興院東京建築出張所にまわって抽選される。このくじに二回はずれると申請書は一応却下されるが、引続き申請をくり返しておればよい。本年四月からすでに五回の抽せんが行われ、本区だけで六〇〇〇通の申請書のうち二四名の幸運者を出している。第五回目の幸運を射とめた人は立石町一五二松田久次郎、同町王舎通憲さんで、建築様式により甲乙丙に分類されて資材の割当証が配られる」

二〇一四年現在、ＰＴＡ活動は形骸化し、不要であると設置していない小中学校もある。「建言新教育と〝父母と先生の会〟ＰＴＡ運動について」の記事を読むと、ＰＴＡが連合軍司令部（ＧＨＱ）の指示にもとづいてスタートしたこと、そしてそれは「学校は上司や権力の前に一も二も無くてい（低）頭し、見せかけ一点張りのみに究々（※汲々）として家庭内における実態を知らず、父兄または吾子、学校側にのみ依存」「形式的なおざなりな会合」を反省払拭すべく設けられたことがよく分かる。記事の掲載も、ＧＨＱからの要請による可能性がある。「今後の教育の在り方は、教師、児童、父兄の三者が同一線上に互にスクラムを組み、不離不即（※不即不離）となって最善をつくす可き」という言葉には、民主的な教育を目指そうとする熱い理想を感じ取ることができる。

また「頭痛の種　校舎難」「幸運の住宅くじ」の記事は、戦後の学校教育や住宅の確保が、どれ程困難なところからスタートしたかをよく物語っている。

第三号の主だった見出しは次のようになっている。

○「まず貧困家庭を救済　ジャガ芋基金募集　総ざらい運動　飢饉対策展開せん」
○「新人議員区会報告　私はかく闘えり（３）社会党　小川茂」
○「主張　復興精神を生かせ」
○「活気づく輸出産業　海を渡る　メイド・イン・カツシカ」
○「青年団の動き」
○「のど自慢　床屋の歌姫が一躍コロムビアの歌手」
○「乱暴な窓硝子ドロ　総なめに学校悲鳴」
○「要保護者の実態調査　厳選で三割減か」
○「京成魔の踏切　幼児はねらる　誕生の馳走も空し」
○「郷土葛飾ものがたり（３）昔の金町関所　今はヤミ屋の鬼門」
○「区教組結成（葛飾区教員組合結成大会）」
○「街の声　配給に二袋制　当世七不思議　子供に遊場を」

○「社会党主位　区民総得票」

この第三号からは、以下の記事を紹介したい。

○「まず貧困家庭を救済　ジャガ芋基金募集　総ざらい運動　飢饉対策展開せん

政府の食糧緊急対策に即応して、本区でも深刻喫緊の区民の要望に応え貧困者救済食糧危機突破ともいうべき「じゃが芋獲得運動」を展開することになった。本区のじゃが芋供出割当は五〇〇〇貫（※一万八七五〇キログラム）で、去る九日柴又小学校で農事実行組合長会を開催、一四日都内のトップを切って割当量完納の成績をあげたが、区内消費者層の現実は相次ぐ官業値上げと悲観的な食糧事情に不安は日増に高まり、このままで一、二ヶ月経過すればまことに憂慮すべきものがあるので、高橋区長、加藤経済委員長、関経済課長らの間で取締当局の意向を質し協議をすすめた結果、今回とりあえず各派をあげて本区生産じゃが芋総ざらいを第一目標に、生産地ひん困消費家族を結ぶ危機突破運動となった訳である。

この運動方法についてはいま研究を急いでいるが、大体の構想としては、

一、区議会経済委員会を中心に農業実行組合、消費者代表、学識経験者らにより、食糧対策委員会（名称未定）をつくる

一、昨年度のこの種運動の終末において、農業会に対する支払決済が完全に行われていないため、まづこれを解決し感情緩和につとめる

一、然るのち農業会六五実行組合に食糧窮迫の事情を訴え、じゃがいも再供出の協力を求め

る
一、価格は無償供出とするか、もしくはヤミと丸公の中間程度にするかは未定だが、無償の場合これに相当する謝礼金をおくる

供出するサツマイモの計量（1946年［昭和21］）

一、一方区内消費者層には、ひん困者救済の意味で基金募集を行う
一、獲得量は三〇〇〇乃至《ないし》五〇〇〇貫で、これを要保護者世帯に配分すれば一貫五〇〇匁《もんめ》位で、第二段階はカボチャさらに他県からの大量導入も計画されている」

〇「乱暴な窓硝子ドロ　総なめに学校悲鳴

警戒不足につけこむ学校荒しは終戦後目立って多いが、物資不足と物価値上りの世相を反映してか最近またぞろ増えて来た。ラジオ、電熱器、校具など手当り次第で、特にひどいのは窓ガラスの盗難である。

区内の学校は被害の総なめで、区営ぜん係が昨年一〇月から現在まで一万三〇〇〇枚に及ぶガラス補修を行っているが、てんで歯がたたない。ガラス一枚一〇

〇円で入手困難というから一〇〇万円以上の損害だが、実際は組立ガラスやベニヤ板、代用ガラス（不燃焼セルロイド）で間に合わせている。奥戸小学校の例をとると、四月二五日ガラス六四枚、五月一一日教員の現金、六月九日ガラスと衣服、七月二日便所ガラス三〇枚といったように毎月一回の割で見舞われており、しかもその犯人は次第に悪化、ガラス戸を畑に持ち出しノコギリでわくを切断してガラスを盗み出している。そこで区当局が頭をしぼったあげく夏期ガラス盗難防止対策として白エナメルでマークを入れるように指示したが、果してどれだけ効果があるか」

〇「社会党首位　区内総得票

本区選挙管理委員会並に区選挙調査係編集の「四月選挙統計記録書」はこのほど完成、「党派別総合得票数調」を次の如く報告している。

社会党	一六七、三五〇
無所属	一六〇、五六二
自由党	一二五、七三二
民主党	四二、八七〇
共産党	一八、三五六
諸　派	九、六三四
協同党	一、四九七
（合計）	五二六、〇〇一」

「ジャガ芋基金募集　総ざらい運動」の記事は、厳しい食糧事情に対して区当局が貧困家庭を救済するために、区内農家からジャガ芋提供を求めるという計画である。区内の農家はすでに七月一四日、政府からの供出割当五〇〇〇貫を完納しており、今回はさらに区に対して三〇〇〇貫（一万一二五〇キログラム）から五〇〇〇貫を供出せよというのである。そして代金については、「未定だが、無償の場合、これに相当する謝礼金をおくる」とある。闇で食糧を手に入れることのできない貧しい人々を飢餓から救うためとはいえ、農家にとっても過酷な時代だった。

戦争によって社会は激変、家庭崩壊も多く、誰もが食べることを心配して一日が暮れるような日々が続けば、人の心はすさむ。強盗、窃盗などの犯罪が頻発した。学校の窓ガラスさえ盗まれたのである。犯人はガラスを闇で売りとばし、生活の足しにしたのだろう。

「社会党首位　区内総得票」は第三号二面のほんの小さな記事なのだが、一九四七年四月の葛飾区民の政治意識をうかがい知ることができる。社会党支持票は全体の三一・八パーセント（一六万七三五〇票）を占めており、六月に片山内閣（社会党首班内閣）が成立する国内情勢をよく反映している。葛飾区民は戦後初の選挙（六回分合計）において、革新系政党に軍配を挙げたのだった。

第二号、第三号からは、区議会や委員会の動向、食糧難や犯罪の多発といった世情の混乱を読み取ることができる。一方で産業の復活や、ＮＨＫラジオのど自慢に出演した床屋の娘がコロムビア歌手になったというような明るい話題、郷土史の連載、投書欄なども見られ、弱小地域新聞ながら目配りのきいた紙面作りがなされている。

第四号（八月一日付）、第五号（八月一五日付）、第六号（九月一日付）も同じような紙面が展開されたと思われるが、残念ながら保存されておらず内容は不明である。

第七号（九月一五日付）は残されている。そしてこの号が出た時、葛飾区は大変なことになっていた。カスリーンという名の台風が襲来し、大洪水が目の前に迫っていたのである。

カスリーン台風はもともとトラック諸島東方海上で発生した弱い低気圧だった。それが九月一一日にはマリアナ西方で台風に変わり、九月一五日午前六時には浜松南方沖合一七〇キロメートルまで接近、同日午後八時頃房総館山付近を通過、九月一六日午前三時過ぎ銚子南方一〇〇キロメートルの海上に去った。この台風が利根川水源の山岳地帯に未曾有の豪雨を降らせたことから、下流域にある葛飾区に数日後、大量の水が押し寄せてきた。

『葛飾新聞』第七号はカスリーン台風を以下のように報じている。

○「水害特報　濁流から葛飾を守れ　泥んこの叫び　土堤を守れ！

いち早く本紙第五号（八月一五日）二面トップにとりあげた「危い！　中川あや瀬川堤、乱暴な堤防耕作、かぼちゃ一つで全区水浸し」の記事はキャスリーン台風が生んだ豪雨のため、はからずも現実の問題となった。好むと好まざるにかかわらず区民の水防観念は最高潮に高まり、老若男女の別なく涙ぐましいまでの必死の水防陣が各地に布かれた。ひた押しの濁水にいどむ区民の姿は、筆舌につくせない。はじめ冷笑をうかべていた者も、ついには血相を変えた。そこには政争もなく階級もない、神々しいまでの美しい闘う結束の姿が随所に見られた。しかしゆめ忘れてはならぬ。この濁水を征服しえても、第二、第三濁水の攻撃あることを……。いまこそ区民の手で堤防耕作を取除け！　土堤を守れ！　排水機関を充実せよ！　これは決死の水防現場で土のうと取組むどろまみれの悲痛な叫びであった。

桜土手と水道

水元小合溜の桜土手がいっ水すれば、一ヶ月は水道が使えないといわれた。実に江戸川水道使用量の六割である。その桜土手は明治四三年のこう水にも利根のほん流を支えて東京を守ったのだが、ついに一角は破られた。とうとうたる濁流のうずは金町新宿一帯をなめ、柴又の水道も危いという。あり余る水を眼前にしながら、飲み水に苦しむ皮肉な運命が区民の上に訪れようとしているのだ。

水は下に流る

荒川放水路が完成してから放水路以西は救われたが、葛飾、江戸川はいつでも埼玉の水を一手に引受けるべき運命におかれた。しかもその水位は江戸川、荒川ともに中川より高い。従って低い中川堤防の強化は理屈ぬきで急を要することだったが、四〇年来の水災不感症から今日の大事を招くにいたった。もちろん国敗れての遺産、堤防耕作や横穴防空ごうの残さいがあり、また水防資材の形式的な備えも大いに反省の余地があったろう。

一六日

一夜明くればカラッと晴れて心憎いまでの青空。雨量六〇〇ミリ（坪当り一〇石八斗）、優に一年の三分の一量の豪雨をケロリと忘れたかのようだ。立石方面はにぎやかなお祭太鼓に明けて街は水びたしのお神こしかつぎ、水ふんどし一つの子供等が喜々として濁水に戯れていた。床下浸水一万戸、床上浸水一二〇〇戸、本田川端方面浸水六〇センチ、小菅四五センチ、若宮小谷野、堀切、木根川いずれも三〇～三五センチ、西篠原、淡の須、本田二五センチ、その他五～一〇センチ出水のため各地の送電は停まり、通信も不通。区内八ヶ所の排水機関も停電のため役立つものわずか五つ。中野助役、吉田建設委員長、川又土木課長の一隊は関配小松川支社に車をとばし故障機関の修理方を懇請、同社工作係長を同道して立石に引揚ぐ。このため正午排水全機能を回復、このころ内務省国土局の情報が入り、上流の水の状況が容易ならぬものであることが判り、高橋区長はもどかしそうに緊急水防会議を召集、井上、宮本両消防署長、平、田中両警察署長らと共に水防対策を協議、午後四時すぎ示達一号「栗橋上流（利根川）五キロ地点（金町より一〇里先）堤防四〇〇メートル決かい、中川増水今夜一〇時ごろ」を発した。しかし街には無関心な浮かれ姿が多かった。水害対策本部を区役所におき、本部長に高橋区長、副部長に中野助役、城支所長就任。

一七日

小菅方面の床上浸水家屋五三戸一五一名は南あや瀬校に避難、この朝カンパン給食を行う。区役所に集る心配気な区会議員の顔がようやく多くなった。この日総務委員会はそのまま緊急水害対策協議会となし、各議員は八ブロックに分れて現場の指導連絡にあたることになる。示達相次ぐ。「彦成村共和橋まさに落ちんとす。中川の増水憂慮すべき状態」。臨時休校小学校、渋江（九中）堀切（十中）新宿（四中）各校午前授業となる。水元小合溜かんまんに増水、水産試験場では機械搬出を開始。第八軍アーレン氏水害視察に来葛。各方面よりの水害見舞くびすを接す。

一八日

いっ水か決かいか気遣われた中川堤防は、ともかくも辛うじて持ちこたえた驚くべき水防陣のねばりである。しかし連日の干満潮に洗われて、さすがに土堤は目立ってうみ出した。土堤の決かいは水が完全に浸みわたってから危いというから、今明日がヤマだ。どこの水防陣も必死の形相ものすごい。緊迫した空気を反映してか雲低い沈痛な夜空から小雨がポツリポツリ、いい知れぬ不安感をカキむしるかのような雨だ。区民の会話や足取りにもようやく上ずったものが感ぜられ、浴衣がけの築堤見物者の姿はなくなった。

一九日夜

今夜こそ、明朝こそと観念すべき危機爆発の満潮時を待つ錯覚をくり返しながら一九日を迎えた。人間の水速水勢判断ほどあてにならぬものはない。しかし今日はすべてを決するのではないだろうか。すでに金町一帯は水に洗われ、全区内に避難命令が伝わる。都心に避難する者が京成駅にあふれた。常磐線金町京成とも不通だ」

記事は九月一六日の台風が去ったあとの青空や、水とたわむれる子どもの表情、刻一刻と出水の危機が近づく緊迫した様子などを活写、一九日夜（午前であろう）までに全区内に避難命令が出されたところまでが記されている。

その直後、水元の桜堤が決壊（一九日午前二時二〇分頃）、次いで中川土手右岸も二〇日午前三時二〇分頃決壊した（中川大橋上流四〇〇メートル地点）。このため桜堤から侵入した水は区の東半分を、中川から侵入した水は西半分を襲い、みるみる間に葛飾区は水の中に浮かぶ街となってしまったのである。

『葛飾新聞』第八号（一〇月一五日付）は、一面二面ともに水害関連記事で埋まった[3]。浸水後の様子は次のように記されている。

○「水害特報　濁流の危険まだ続く　水一升五〇円　混乱の水害記録集

キャスリーン台風がもたらした濁流は、四〇年来の大こう水となって一切のものを呑みつくした。一面のどろ海はいくたの混乱をまき起しつつ人間のおろかしさを余すところなく露呈し、また半面には数多くの献身、美談佳話をも生んだ。濁流は偉大な教訓を残して去った。しかしこの危難はいつ再び襲いかかって来ようとも図り知れない。いまこそこの水害の体験を貴重なふみ台として起上らねばならぬ秋である。すでに復興のつち音は秋空にはねかえっている。浸水から退水まで約二旬、この間各地に拾った水害記録をつづってみよう。

アリの如くに

濁流から逃れたアリの大群が植物の葉先に黒々とひしめいていたが、本区の水災区民もこのアリと同じように、江戸川や中川、荒川堤にやっとはい上ったといったサンタンたる姿を示した。本区面積三六平方キロのうち三五平方キロは濁流にのまれ、残る一平方キロはすなわちこの土堤だった。被災人員二一万九〇〇〇名、五万戸、未転入外来者を加えれば本区被災者は実に二五万人を数えられる。

水勢判定誤る（略）

水一升五〇円

　家を守るためにのまず食わずで屋根上にへばりついた被災者はどれ位あったろう。「区役所はなにをしているのか」エンサの声はば声に代って、ままならぬ足で地団だ（?）ふんだ屋根上生活者の心理は無理からぬことだった。「子供が死にそうだ、水をクレ」と半狂乱の母親の姿が見られたほど、給水船は現れなかった。このころの水一升五〇円の相場は永く忘れ得ぬ水害記録の一つだ。

混乱の区役所

　二二、三日ころの区役所は混乱そのものだった。交通通信は絶え、支所との連絡はもとより、区内の情報さえつかめぬ有様だった。舟が足りない、給水船が来ない、食糧が届かない、怒った区民代表は相次いで区役所に押かけた。某課長は卓をたたいて「都の無力さに愛想がつきた。都に奉職して青春をスリへらしたのが残念、辞表をたたきつけてやる」、若手吏員は試合に負けた野球選手みたいに肩を抱きあって泣きわめき、葛飾新聞の腕章を見るや「世論をかん起してくれ」と手を握って都の無能を攻撃したものだ。どの顔もヒゲぼうぼうの眼ばかり異様に光った俊寛《しゅんかん》まがいの顔だった。都の水害対策本部長宇佐美教育局長が区役所で若手吏員にこっぴどくやりこめられていたのはこの直後である。

赤旗と赤十字

　こんどの水害を通じて痛感させられることは、事務官僚のもろさである。なるほど机上の事務

浸水した京成立石駅

処理は一かどのエキスパートかもしれないが、こうした非常突発の事件に対して勇気と決断を持合さぬ日ごろの弱点を如何んなく露呈した。減水しはじめた二四日ごろから舟足はようやく繁くなり、日赤医療班は橋のたもとや土堤上に固定して治療を開始したが、屋根上生活者はいぜんとして見捨られた形だった。このとき共産党の医療班は赤旗をなびかせつつ軒から軒へ水路を縫って移動治療を行ったが、この行動的なやり方は官僚の仕事と比べて面白い対照だった。「共産党は金もないのによくやるね」「ありゃ党勢拡張さ」という声もあったが、実際屋根上から二の腕をつき出して注射をうけている被災者の顔は、理屈ぬきで感謝していたようだ。つまり官僚のやる仕事はどこまで行っても机の上の計画だけであって、被災者の現実の生活にくい込んでいない証拠だ。

出張所姿消す（略）

顔と配給

某政治家は「レールは頭から頭へ敷くものだ」といったことがある。つまり鉄道は町から町へひくのではなくて、ボスの居所から居所をつなぐものだという意味だ。こんどの水害中の食糧分配でも顔役から顔役に引渡した傾向が強かった。出張所営団の全滅で、各地区に自然発生的に生れた水害対策本部の活躍は目覚ましいものがあったことは事実だが、なかにはあの混乱のさ中でも、勢力争いや食糧をめぐる功名手柄のつばぜり合いを演じた地区もあった。宝船を分捕った桃太郎のように救援食糧にまたがって、さも己の手柄のようにして配って歩いた顔役の姿は笑止千万だった。

「どさくさに顔と手とが物を言い」

まさしく顔と早い者勝ちの混乱の中で、一番真正直だったのは水だけである。水は土地の高低の分に応じて公平に行き渡った。食糧のでこぼこ配給を尻目に……

手遅れの責任

水害に間に合わなかったものの中に衛生会組織と物価監視委員問○がある。ともに早くから事を運びながら、尻切れとんぼのまま水害をむかえた。衛生会が出来ていたら、防疫活動その他にどれほど役立ったかしれない。他区では衛生会組織を通じて食糧配給を行ったところもあるということだ。

また水害後の不当な物価の値上りは、被災者の一様になげくところである。この最も活躍を期待される時期に物価監視委員の発令が間に合わなかった。これらは区当局の怠慢と責められても言訳のたたないところであろう」

記者は混乱する区内各地を熱心に取材して回ったものと思われる。筆致は鋭く、区当局や役人、町の顔役などに対して批判的な目を向けている。権力を監視するというジャーナリズムとしての本道を示しているといってもよいだろう。こうした傾向は次の記事にも読み取れる。

○「議員の視察に白い眼　平和橋一〇月中に復旧

中川決かいからまる二週間、思ったより水は早く引いたが、それでもまだ電気も水も通らぬ地区が残っている。病菌がウヨウヨしている。急がねばならぬ水害復旧対策の目安をどこにおくか――その下検分ともいうべき区議団一行の区内視察が、平和橋をフリ出しに快晴の四日トラック三台に分乗して行われた。中野助役、川又、佐藤両土木課長が要所の説明にあたったが、沿〇の区民は一行にはおかまいなく残雨の濁水でせっせと建具を洗ったり、ヘシ折れたぬれ畳を乾かすなど、自家の復興に余念がない。避難小屋のまだ居並ぶあや瀬川堤や、くるぶしを洗う下小松地区では、「いまごろ見物に来たのか」と手ぬるかった救援の手をうらむ白い眼の冷ば（※罵）が飛び、光ったくつに白ワイシャツ、ネクタイの一、二議員の背筋をヒンヤリさせるものがあった。（以下略）」

第九号（一一月一日付）もまた、一面二面ともにほとんどを水害関連記事が占めている。(4) この号には水害後一か月がたち、被害状況の全容が発表された。

○「御存知ですか　水害の被害調査表

区役所で調べた葛飾区の水害被害状況は九月二七日現在次の通りであるが、今後調べの進むにつれて、なお相当の増加をみる模様である。

◇浸水地域　三五平方キロ——全積三六平方キロの九七％
◇り災　人口二〇万一三八人——九五％
◇死者　三名
◇行方不明　一名
◇重傷　三名
◇家屋の流失全壊　二七戸
◇家屋の半壊　六七戸
◇床上浸水　五万一六〇〇世帯
◇床下浸水　一二六世帯
◇堤防崩壊　四〇〇メートル　中川
◇人口堤防切開　六〇〇メートル　あや瀬川　放水路
◇路面盛土　面積四九万一〇〇〇平方メートル
◇路面清掃　四五万平方メートル
◇流失橋　七四
◇破損橋　三六
◇修理橋　一〇〇

◇側溝さらい　六万五〇〇メートル
◇入樋水門修理　五〇
◇配水場屋上復旧　六〇〇〇メートル
◇在来下水さらい　八万五〇〇〇メートル　土量一〇万立方メートル
◇農業耕地被害　冠水面積は総面積に及ぶ五六二町六反三畝
流出面積一一町五反
土砂流入（埋没）面積一四町一反
◇作物被害　全滅面積三〇〇町　九〇％以上
減収予想面積一六二町六反三畝
◇り災農家　一四三八世帯　九一六八人」

死者行方不明者の少なかったことは不幸中の幸だったが、家屋や農地、工場機械などの損害は甚大なものとなり、戦争被害の少ない葛飾区ではあったが、戦後の出発は決して平坦ではなかった。

この第八号・第九号からは、葛飾新聞社が大水害の惨事を庶民の側に立って伝えようとする意欲を感じ取ることができる。区当局や地域ボスを批判し、不正を許さない姿勢にも清新さを感じる。地域に密着した小新聞社としての切り口は、大新聞の報道にはないリアリティーがある。主筆橋本氏の意向が反映されているのだろう。

しかしこれらの紙面からは、検閲を意識してあることが上手にカットされている。〝占領軍の活躍〟である。

『増補葛飾区史・下』には、「浸水により一切の陸上交通機関がその機能を失い、このため唯一の交通連絡機関として小舟艇が必要になったが、とっさの場合その動員はなかなか困難であった。幸い進駐軍当局では浸水直後約一〇〇隻の上陸用舟艇を現地に動員し、関係官公署協力の下に救護に活躍したので、非常に助けられた」「早くも二一日の午前、連合軍及び警視庁の協力により舟艇をもって京成四ッ木駅下の上手より、まず水中に待機する区役所に応急食糧が届けられ、漸次各方面の収容所と一般水中にある被災者に届けられた」という記述がある。

この占領軍からの支援は、貧窮な敗戦国の災害地としてはありがたいものだった。一〇月二二日、葛飾区議会は「連合国総司令官ダグラス・マッカーサー元帥閣下」に対して感謝決議を行い、次のように謝意を表明した。

「……このとき我が葛飾区は、未曾有の大水災に襲われて一夜の裡《うち》に湖底の街と化し二二万の全住民は忽ち衣食住に離れ混乱状態に陥ったのでありましたが、幸にして閣下より示された慈愛あふれる御好意により、特に避難民の救援、収容の為には直接多数の兵員まで御差遣になり又は救助用舟艇の貸与、救護物資の大量放出或はラ・ラ委員会[5]による救援物資の放出等の数々の御援助を戴きました。お蔭で漸次民心も安定し憂慮されていた悪疫の蔓延等も極めて少なく区民の多くは目下生活の再建に産業の復興に渾身の努力を致して居る現状でありまして、これ偏《ひと》えに閣下の我が国民に寄せられたる御厚志の賜であると深く銘記するものであります。之れに応うるに私共は愈々《いよいよ》正義と平和を愛好し民主的国家建設に邁進することを誓います。(6)（以下略）」

このような事実がありながら、『葛飾新聞』には一切書かれていない。プレス・コード第五項「連合軍部隊の動静に関しては、公式に発表されない限り発表又は論議してはならぬ」が書けないことの理由であったろう。どんなに小新聞であってもプレス・コードから自由ではあり得ず、引っかかると分かっていることは書かないのである。『葛飾新聞』はGHQの検閲を意識しつつ、水害報道について書いてよい範囲を慎重に探りながら紙面作りをしたと考えられる。

しかしそのように注意を払っていたにもかかわらず、葛飾新聞社には何か困った事態が発生したようである。

一九四七年一一月一五日付、一二月一日付、一二月一五日付と立て続けに休刊し、第一〇号は一九四八年一月一日になってようやく発行された。そして一面には次のような「休刊のお詫」が載った。

○「休刊のお詫

過般　本紙休刊、読者の皆様に御迷惑をお掛けしました事を、深くおわび申上げます。社員一同、之を善処すべく、社内機構改革整備の結果、主筆橋本氏には一身上の都合により退社、後任と致しまして石川長蔵氏が就任、社員執筆者一同一致結束公正な区民新聞として区内民主化達成をめざし、満身の努力を続ける覚悟であります。何卒一層の御支援御愛読賜ります様御願ひ致します。

尚本社事務所を左記に移転致しました。街の動き△△明るいニュース△をどしどしお寄せ下さいまして、皆様の葛飾新聞で咲かせて下さい。

記

葛飾区青戸町四丁目八八八番地

葛飾新聞社　社員一同

昭和二三年元旦

各位様」

これはどうしたことなのか。私はＧＨＱから葛飾新聞社に対して警告や注意のような圧力が加えられたのではないか、と推察している。

第七号から第九号におけるリアルな水害報道、共産党の医療活動への評価、被害実数の公表などは、プレス・コード第二項「直接たると間接たるとを問わず、公共安寧を紊するような事項を掲載してはならぬ」、第六項「ニュースの筋は事実通りを記載し、且つ完全に編集上の意見を払拭したものでなければならぬ」に抵触した可能性がある。休刊の理由が会社の経営上の問題であるならば、主筆が一身上の都合で退社することは考えにくい。

葛飾新聞社はその後水害報道のほとんど載っていない第一一号（一九四八年一月一五日付）、第一二号（同年二月一日付）を発行するが、一九四八年三月七日付で突然『葛飾自治新聞』と改題、社名も葛飾自治新聞社となる。その経緯も理由も不明である。

注

（1）新中川（中川放水路）は部分的に開削されているが、通水には到っていない。
（2）一九四五年一〇月四日　ＧＨＱ、「政治的・市民的及び宗教的自由に対する制限の撤廃に関する覚書（人権指令）」発令
一〇月一三日「国防保安法」「軍機保護法」「言論出版集会結社等臨時取締法」など廃止の件公布
一〇月一五日「治安維持法」など廃止の件公布
（3）『葛飾新聞』第八号の主な見出しは以下の通り。
「水害　復興対策の目標　急速に復興委員会設置か」

「葛飾浸水の経過」

「御存知ですか　土堤はなぜ切れたか」

「区民の皆さまへ　葛飾区長　高橋佐久松」

「文化　水害雑詠　中村秋晴」

「ああ！宮本亀有消防署長　最後まで桜堤を気遣う――近く防火協会葬の盛儀――」

「アッ　二階家が流れる――中川決潰目撃記――」

「街の声　元気でいこう（※水災者への激励）」
（4）『葛飾新聞』第九号の主な見出しは以下の通り。
「区議会　水害問題の論議活発　復興対策本極り」

「水災復興対策本部生る」

「消防団発足　一一月五日　消防委員の顔ぶれ」

「燈下言　復興対策の私見　島上善五郎」

「免税に運命かけて　水災商業者起つ　都庁へ強談判　代表ねばる」

「名士の参列相次ぐ　故宮本署長　中島署長　防火協会葬」

「本社・史談会共催「水害実相をきく会」盛況　雨量二〇〇ミリでまた危い！」

「水害の混乱に躍る〝チンピラ窃盗団御用〟」
「決潰現場で復旧町民大会」
「街の声　実情配給を」

（5）ララ物資。アジア救済連盟（LARA）からの救済物資。
（6）『増補　葛飾区史・下』。

参考文献

東京都葛飾区『増補　葛飾区史・下』一九八五年。

工藤博海「「下町酒場ブーム」の盲点――葛飾の風景の変遷から考える」葛飾区郷土と天文の博物館『可豆思賀4』二〇一一年。

Ⅱ．明暗の中の暮らし

――一九四八年（昭和二三）

『葛飾自治新聞』の時代

『葛飾自治新聞』は、一九四八（昭和二三）年三月七日付第一号から一九四九（昭和二四）年三月六日付第四九号まで発行された。第一号には次のような「発刊の挨拶」が載った。

○「発刊の挨拶

私葛飾新聞在職中の高橋区長初め唐松議長各派議員諸氏はもち論、平、田中両署長並に各々諸団体の諸氏および未知の読者各位の絶大なる御支援に対しまして、紙上厚く御礼申し上げます。

この度都合により前社主筆を退職致し、本紙信条に掲げました信念にもとづきまして、健全なる区民新聞達成を目指し、止む得ざる理由の生じない限り、全身全霊をうち込み猛進を続ける覚悟であります。幸今回より区内各新聞販売店の方々の御協力に依りまして、区内隅々まで配達出来る様になり、報道の使命、達成の域に近づいて参りました。

区内五万読者の皆様、本紙の主旨に御共鳴下さいまして、御声援御愛読下さいますと共に、皆様の新聞と致しまして熱烈なる愛区心より生ずる意見の発表及討論紙として活ぱつなる御投稿いただきます様御願致します。

終りにどなた様にも御あいさつに伺わず発刊致しましたことを御わびいたします。

葛飾自治新聞社

主筆　理事長　石川長蔵

読者各位」

この「挨拶」によれば、石川長蔵は『葛飾新聞』主筆を退職した後、改めて『葛飾自治新聞』の主筆・理事長に就任している。これは手続上の必要によるものだったのだろうが、「どなた様にも御あいさつに伺わず発刊致しましたことを御わびいたします」とあるところから、何かあわただしい事情があったと推察される。

さらに第一号発行から一年が過ぎると、一九四九年三月六日付を最後に新聞名が再び『葛飾新聞』に戻される。まるで、『葛飾新聞』が一年間の発行停止処分を受けていたかのようにも思えるが、このいきさつも不明である。ともあれ新聞は石川長蔵体制となってスタートした。

『葛飾自治新聞』になってから、いろいろなことが変わった。

まず、編集印刷発行人名が佐藤嘉夫から石川長蔵になった。発行所・編集室は亀有に移転した。また、立石、堀切、金町、亀有、渋江に支局が置かれるようになった。発行は月二回（一日と一五日）だったものが、月四回日曜日発行となった。さらに区内一八新聞販売店とタイアップして、宅配を可能にした。(1) これまでは一部ずつ郵送したり駅スタンドで売ったりするだけだったが、宅配によって区内五万の読者に確実に届けられるようになった。

この宅配については一般紙との兼ね合いが区民によく理解されず、「社告」(三月二一日付)で「(一般紙との)強制抱合せ販売ではありません」「『葛飾自治新聞』購入もきらいなお方は、販売所に断っていただきます様お願致します」と説明している。そして、「皆様の購読御協力頂ませんと、スタンドでは売れず、この種の新聞は発展処か消滅し、『エログロペーパー』のみ濫乱《らんらん》することを憂《うれう》る次第です。郷土を愛する有識者各位には、本紙の主旨に御理解いただけると想ひます」と訴えている。これらの社内機構の改革によって『葛飾自治新聞』の認知度は高まったであろうし、購読者数も安定したことであろう。

また、確実な収入を得るために広告スペースを増やしたことも、石川長蔵の経営努力といえよう。『葛飾新聞』時代の広告スペースは全体(一、二面)の最小で三・二パーセント、最大で一八・二パーセントであったが、『葛飾自治新聞』時代には、第一号で二二・二パーセント、最小で六・四パーセント、最大で三五・〇パーセントにまで拡大していく。新聞が区民に知られるようになって、広告掲載の依頼も多くなったのだろう。

しかし、広告スペースの拡大による収入の確保という方法は、タブロイド判裏表しかない新聞にとっては記事スペースの減少につながる。現存している『葛飾新聞』の最終号、一九五二年五月二五日付号に至っては広告が四九・一パーセントを占め、一、二面ともに上半分にしか記事がなく、まるで広告新聞といってよいほどだ。こうしたことが新聞の質の低下をまねいたことはいうまでもない。

『葛飾自治新聞』になってからの紙面の変化については、次の三点を挙げることができる。

一点目は、文化・文芸欄の拡充である（第一号～第四九号まで、数字は掲載回数）。

所感　一　（「〝愛と憎しみと〟について」）
文化　一　（「石川啄木を偲びて」）
時評　二　（「エロ文学の行方」「現代と芸術」）
小説　六　（「女の群れ」「佐世保の夜」「浜千鳥」）
郷土かつしか物語　三六
短歌　九
俳句　七
川柳　八
情歌　六
四コマまんが　一五　（「葛子さん日記」）

短歌や俳句、川柳欄などは区民参加型文芸コーナーであり、小説や郷土かつしか物語の連載は娯楽的読み物重視にシフトしたことをうかがわせる。これは石川長蔵の交友関係に支えられていたようである。石川は『葛飾新聞』を主筆橋本から引き継いだ後、「編集室より」というタイトルで次のように述べている。

「……前主筆が退職し一緒にやってきた関係上後任は自分の処にまわって来た。私は第二の故郷、骨を埋める葛飾を愛する若さと熱において、発刊当時の口約は守りたいと思っていた。だが私は新聞人ではない。文能もないが、幸い私の周囲に君がやるならと言ってくれる優秀なる文化人グループの方々や青年文士の方々が、本紙の発展と文化かつしかをえがきながら激励してくれるのには動かされた。（以下略）」

（一九四八年二月一日付）

石川長蔵は葛飾区出身ではないが、文化・文芸方面に人脈を持つ人物だったようだ。

二点目は、スポーツ関連記事の充実が挙げられる。掲載回数は二七回に上り、区内のさまざまなスポーツ情報が伝えられるようになった。

一九四八年三月二八日付　「区民スポーツ連合体　葛飾区体育会結成さる」
同　四月四日付　「スポーツ　葛北連盟春季大会入場式　本田野球トーナメント大会」
同　四月一一日付　「スポーツ　憲法発布国民大会『葛飾代表決定戦』」
同　四月一八日付　「スポーツ　区軟式庭球連盟生る　体育の夕盛況」
同　四月二五日付　「燈下言　少年と野球」
「スポーツ　国民体育大会（軟式野球）葛飾代表決る」
同　五月二三日付　「スポーツ　憲法公布記念国民体育大会　代表選手団結成に当りて」
同　五月三〇日付　「スポーツ　各区対抗駅伝競争　優勝候補葛飾チーム惜敗」

同　六月二〇日付「スポーツ　区議団軟式野球大会」
「老少年対抗白熱戦」
同　七月二五日付「スポーツ　区体育会剣道大会」
同　八月二二日付「スポーツ　国民体育大会水上競技　区予選及選手権大会」
同　九月一九日付「青年団体対抗　陸上競技大会　水元優勝」
同　一一月七日付「体育会柔道部会　大会と供に発足か？」
一九四九年二月一三日付「五中（奥戸）の奮戦注目ひく　全都中学駅伝競争」

こうしたスポーツ記事は不思議と心が和《なご》む。たくさんの人々が晴れ晴れとスポーツを楽しむ――平和な時代の到来を象徴しているからだろう。

また葛飾自治新聞社後援によるスポーツイベントも、各種催されている。

一九四八年四月四日付「第二回区長盃争奪　連合青年団　区民一般中等駅伝競争」
同　一〇月二四日付「葛飾区体育祭」
同　一一月二八日付「新制中第四回軟式野球大会　精鋭十中三連覇なる」
一九四九年二月二七日付「区内一周駅伝競技大会」

中央の大新聞社は独自に文化・スポーツイベントを後援することにより、大きな宣伝効果をねらった。葛飾自治新聞社もそうしたことにならって、スポーツを利用して自社の宣伝を行うようになったのである。

三点目の変化としては、記事見出しの付け方に時々くだけた調子のものが混じるようになったことがある。

なんだなんだと人目を引きそうな、興味を抱かせるような見出しのもとに、主観の色濃い安物ドラマ風な読み物記事が登場するようになった。このような見出しは、橋本氏が主筆をしていた時には見られなかったものだ。

一九四八年三月二八日付　「『近代娘武勇伝』強盗を追跡　盗品を奪う」
同　四月四日付　「親子七人お揃窃盗団　抜穴もあるドロ棒屋敷」
同　五月九日付　「人糞尿争奪戦　お尻を離れれば都の物　直結は是か非か?」
同　五月二三日付　「恋と母性愛の板ばさみ　美容師服毒自殺」
同　六月一三日付　「若妻謎の遺書　金町にもまた服毒死　〝死んで貴方を護ります〟」
同　八月二二日付　「邪恋に狂う刃《やいば》　教員無理心中を図る」
同　八月二六日付　「珍版　小菅の煙突男告訴さる」
同　九月二六日付　「妻を裸にした夫　街頭夫婦喧嘩の一駒」

こうしたいくつかの変容の後の印象を一言で言うならば、「〝硬派〟から〝軟派〟になった」。権力を監視する、批判するというジャーナリズム精神が後退し、娯楽的要素の濃厚な大衆紙へと変わったのである。これは大きな〝路線の変更〟であった。

この〝路線の変更〟は、カスリーン台風後の『葛飾新聞』の休刊、主筆の交代といった一連のトラブルを遠因とするものと考えられるが、現実的には、新聞社が多数の読者を獲得し経営を安定させるため大衆化に傾いていった、ということであろう。読者は地域新聞に、政治的主張が色濃かったり内容が堅苦しかったりすることより、地域の楽しいイベント情報や感情移入できる面白い読み物記事を求めたのだと思う。

『夕刊流星号――ある新聞の生涯』には、戦後次々と誕生した新興新聞のひとつである《夕刊流星号》（実名は伏せられている。著者が勤務していたのは新大阪新聞社）が、時代に翻弄されながら創刊の志とかけ離れた方向に歩んでいくさまが描き出されている。

《流星号》は一九四六年（昭和二一）に創刊された時、次のような趣旨を掲げていた。

「新しい世界の運行に新しい新聞が要る。新聞は古い革ぶくろに入れるものではない。ここに敗戦から立ち直る新日本の一旗手として《われらの新聞》を発足させる。

新日本といっても、それは輝かしいところのものではない。われわれは十年の戦争に打ちのめされて了った。惨憺たる敗北に変わり果てた姿になった。恐らく有史以来最大の変革に際したといえよう。しかし、われわれは事のここに至った次第を段々に知って来た。如何《いか》に戦争が起こされたか。如何に戦われたか。しかして敗れたか。真相が逐次摑《ちくじつか》まれて来た。真相を摑めば過ちを知る。過ちを悟れば直る真道を知る。

斯《こ》の道は簡単だ。かつ明瞭だ。民主主義を徹底させるだけのことだ。専制主義が国家をこのドタン場へ持って来たんだから、この是正は百八十度の転法論で民主主義にきまっている。問題はないんだ。（以下略）」

筆者は当時の雰囲気を「創刊号には革新の意欲が充満していた。そこに登場する政治家も学者も芸術家も一様に革命を信じ、熱狂していた。《流星号》の編集同人も何かに激しく陶酔していた」と記している。

しかし、「《流星号》は創刊以来わずか三年ばかりのあいだに大きく変わ」り、さらに五年ほど過ぎると「学芸欄には映画や芸能の記事を詰めこみ、それもエロティックな写真や記事を重視した。それにプロ野球のゴシップや話題を大きく扱」うようになった。「大新聞が一〇行ほどのベタ記事で片づけているものをトップ記事に拡大」するようなやり方を重ね、創刊満八周年を迎えた頃には、「創刊のころの文化新聞とはまったくちがうものに化けてしまったことを、編集同人のだれもが自覚していた」という程に変質してしまったのである。

会社の規模には差があるけれども、《流星号》と『葛飾自治新聞』の〝路線の変更〟には通じるものを感じる。

新聞が変わる理由や原因はいろいろある。《流星号》も『葛飾自治新聞』も購読者数を増やすため、読者の側は面白さを求めて娯楽大衆紙化したのだが、そうした流れの背景を探っていくと、占領下に置かれた日本社会の揺らぎが関わっていることが見えてくる。

アメリカ政府の「初期対日方針」(2)には、日本に対するアメリカの「究極ノ目的」は、「日本国ガ再ビ米国ノ究極ノ脅威トナリ又ハ世界ノ平和及安全ノ脅威トナラザルコトヲ確実ニスルコト」「他国家ノ権利ヲ尊重シ国際連合憲章ノ理想ト原則ニ示サレタル米国ノ目的ヲ支持スベキ平和的且《かつ》責任アル政府ヲ究極ニ於テ樹立スルコト」にあると規定していた。

敗戦後の日本を「民主化」「非軍事化」させるというアメリカの意図も、実は〝アメリカの国家利益に合致する限りにおいて〟という条件付きであったのだ。

そのため占領初期には極めて急進的な民主化（マッカーサーの民主化五大改革、財閥解体、農地改革、公職追放、日本国憲法制定など）が図られたのだが、世界情勢が変化するにつれてアメリカ政府の対日方針も変わっていき、日本の政治もそれに合わせて揺れ動いた。

この〝世界情勢の変化〟というのは、第二次世界大戦後にソビエト連邦の影響力が世界的に強まったことや、朝鮮民主主義人民共和国の成立（一九四八年九月九日）、中華人民共和国の成立（一九四九年一〇月一日）などをいい、それらがアメリカ政府に強い危機感を与え、共産主義国家に対する対決姿勢を鮮明にするようになったのである。(3)

一九四八年一月、アメリカのロイヤル陸軍長官は「日本を反共（反共産主義）の防壁にする」と演説し、一〇月にはアメリカ国家安全保障会議において、占領政策の転換と日本を冷戦体制に組み込むことが正式に決定された。日本は、ソビエト、北朝鮮、中国に対するアメリカの最前線基地と位置付けられ、しだいに「民主化」と「非軍事化」は後退した。

国内政治も社会党首班片山内閣が八ヵ月あまりで総辞職し(4)(一九四八年二月一〇日)、一〇月には吉田茂内閣へと保守化が進んだ。政策は〝民主主義〟より〝経済再建〟へとシフトしていき、国民の意識も〝政治〟より〝生活〟に傾いた。

GHQの民主化政策を後ろ盾として生まれた新興新聞を取り巻く環境も厳しくなっていった。大新聞への統制がゆるんだり、用紙配分の便宜がなくなったりすると、新聞間の競争がにわかに激しくなり、占領後期には新聞社でも「利益第一主義の経営が重視され、優勝劣敗の自由競争の原則が黙認(5)」されるようになった。新聞経営は「民主主義」を謳《うた》うだけでは成り立たなくなっていったのである。

占領下の新聞は、たとえ『葛飾自治新聞』のような弱小地域新聞であっても、背後には常にアメリカ政府の動向があり、それから自由になることはできなかった。新聞は、アメリカ政府の動き、日本社会の動き、読者の要求に規定されながら、試行錯誤を続けて変わっていったのである。

『葛飾自治新聞』の時代は、急進的な民主化路線が転換して保守化へ向かうスタート地点といった時期なのだが、そうした目に見えないものは人の記憶には残らない。現代から一九四八年を振り返れば、一月帝銀事件(6)、二月エリザベス・サンダースホーム開設(7)、四月美空ひばりデビュー、六月太宰治自殺、一二月東条英機ら戦犯七人の絞首刑執行、流行した歌は「東京ブギブギ」(笠置シズ子)、「異国の丘」、「湯の町エレジー」(近江俊郎)、「憧れのハワイ航路」(岡晴夫)、といった社会風俗の方がずっと印象深いことだろう。

注

（1）戦争中から新聞の販売を一手に扱ってきた新聞共販連盟が一九四八年四月に解散。それぞれの新聞販売店は各新聞社と直接契約することになった。『葛飾自治新聞』が宅配可能になったのは、そのためである。

（2）正式名称「降伏後における米国の初期対日方針」一九四五年九月二二日公表。

（3）一九四七年三月、アメリカのトルーマン大統領が共産主義の脅威と闘っている国々への経済援助を行うと宣言（トルーマン・ドクトリン）、六月にはマーシャル国務長官が、ヨーロッパの経済復興のために大規模な経済援助を行う意志があると表明（マーシャル・プラン）。こうしたアメリカと共産主義諸国との対立を冷戦（Ｃｏｌｄ Ｗａｒ）といった。

（4）片山内閣総辞職後、三月一〇日に芦田均内閣が成立したが、六月に発生した昭和電工疑獄事件にからみ一〇月七日には総辞職した。

（5）『占領期メディア分析』。

（6）一九四八年一月二六日、東京都豊島区長崎の帝国銀行椎名《しいな》町支店に東京都衛生課員と名乗る男が現れ、行員一二名を毒殺、現金を強奪して逃走した。八月小樽市で平沢貞通を逮捕。死刑が確定するが、平沢は無実を訴え一七次におよぶ再審請求を行うが、すべて却下され、一九八七年病死。

（7）旧三菱財閥岩崎久弥の長女沢田美喜が、神奈川県大磯に作った混血児救済施設。「占領の落とし子」である混血児の実数は正確には調査されていないが、講和発効の翌年一九五三年の調査では、全国の混血児数三四九〇人、うち黒人系が四〇〇人と確認されている。しかし実際の混血児数はもっと多かったと予想され、『子ども観の戦後史』にはおよそ二〇万人と記されている。沢田美喜は一九八〇年に亡くなるまでに九〇〇人あまりの混血児を養育したという。

参考文献

足立巻一『夕刊流星号――ある新聞の生涯』新潮社、一九八一年。
山本武利『占領期メディア分析』法政大学出版会、一九九六年。

朝日ジャーナル編『女の戦後史1　昭和20年代』朝日新聞社、一九八四年。
野本三吉『子ども観の戦後史』現代書館、二〇〇七年。

配給の日々

『葛飾自治新聞』には、毎号「声」という投書欄が設けられている。一九四八年四月四日付に次のような投書が載った。

○「町の声　区役所の告知板
　配給その他、区役所からの告示がいろいろ告示板のある所まで行かねば解からないが、何んとか工夫はないものでせうか。人手のない私達の家庭では配給品を取りに行くので精一杯であり、区役所の告示板まで足を運ぶ暇がないので、時々配給物も知らない場合があります。区役所は今少し都民の事を考え、回覧板の復活か、告示板を数多く造って、配給その他の連絡に円満を期して下さい。（金町A子）」

投稿者は家庭をあずかる主婦として、日夜食料や生活必需品を手に入れるために苦労していたのだろう。配給のお知らせやさまざまな連絡が十分行き渡るように、回覧板を復活するか告示板を増やすかして欲しい、と訴えている。

一九四七年四月にGHQの命令によって「町内会、部落会、隣組」が廃止されてから、回覧板を回すことも、町内で寄り合いをすることも禁じられた。GHQには、町内会は戦時体制下に行政の末端組織として体制を支える重要な役割を果たしたという認識があり、「国家組織の民主化」のためには廃止せねばならぬ、と考えていた。回覧板の復活は望めなかった。

けれども庶民にとっては、行政からの情報が下りてこないことは困ったことだった。『葛飾自治新聞』はこの投書に応えるようにこの号から「配給告知板」を掲載し、後には行政からのお知らせ「御存知ですか」を併せて常設するようになる。

ここではこの「配給告知板」と「御存知ですか」から、敗戦後の配給の実際を追いたい。

一九四八年四月四日付号に初めて載った配給記事は次のようなものであった。

○「中学生制服　学童服配給

待望の昭和二三年度第二次分として本田地区に二〇五〇着分、新宿《にいじゅく》地区に一〇二八着分が配給されることになった。配給方法は三月二七日より都内登録衣料小売業者に中等生は前回同様、学童服代用は特殊衣料切符の欄外に「学童服代用」と明記登録すれば、四ヵ月間有効である。なお学校で特定店舗に購入予約せぬ様当局は要望して居る」

○「配給告知板　引揚者世帯に木炭特別配給
　昨年七月一日より同一二月末までの間、外地より帰還せる（純然たる復員者を除く引揚証明書所持者）に対し、優先的特別配給を実施する。割当数は六一五世帯分、配給は一世帯半俵（一俵一五k《ママ》）で、配給方法は家庭燃料購入票の発行により、最寄りの薪炭配給所より購入できる。期日は三月一五日より四月末日まで」

○「同　救護米近く配給
　この度、都では先に新宿支所管内物価監視委員会の決議により、堀川物価監視委員長他数名の代表が水害地区の実情を○木副知事に陳情せることに端を発し、当区に救護米二万三五〇〇k《ママ》配給されることになったので、之を配分委員会にかけ、一一〇グラムづつ配給することに決定、経済課より各出張所に指令した。期日は四月一〇日、一一日の予定。配給方法は水災証明および配給券を自作、出張所に提出、証明をうけ、食糧公団より配給されるが、詳細は各出張所に提示される筈。（なお三食外食者除）」

○「同　輸入缶詰配給
　区経済課では三月六日付連合軍より放出の輸入缶詰を左の方法により配給する。一歳より一一歳までの児童に対し、A級缶詰一人半ポンド、一一歳以上の者に対しBCD級いづれか半ポンドで、中味は、A卵肉バター・チーズ、B穀粉類、C魚類、D乾燥野菜で、主食替算（米以外のもの）Ａ六〇〇グラム、Ｂ四五〇グラム、Ｃ三〇〇グラム、Ｄ一五〇グラムをそれぞれ差引かれる。なお配給期日は三月二一日から四月末日までとなっている」

今日では〝配給〟というと災害時に無償で配られる物資を思い浮かべてしまうが、この時代の配給は救護品以外はすべて代金を払って買うのである。しかし先の配給記事のように、親が中学生や小学生になった我が子に、新しい制服を着せたいと願って相応の金を用意しても、本田地区に二〇五〇着分、新宿地区に一〇二八着分しか配給されないのだから、手に入れるのは大変なことであったろう。

それにしても配給品を得るための手続きの、なんと煩雑であることか。一人一一〇グラムの救護米を得るためには水災証明や配給券を自分で作って出張所に提出、証明を受けねばならないし、輸入缶詰の配給を受けようとすれば、正規の主食配給量からその分が換算されて差引かれることを覚えておかなければならない。『葛飾自治新聞』へ投稿した主婦は、こうした情報をもらさず正確に知りたいと感じていたのであろう。

この配給制度は戦後始まったものではない。歴史は一九三八年（昭和一三）に「国家総動員法」が公布された時までさかのぼることができる。この法律は、前年に日中戦争が始まり、戦争の長期化にそなえて国民経済や家庭生活を国家統制下に置く必要が生じたために制定された。

その後一九三九（昭和一四）四月には「米穀配給統制法」が公布され、一九四〇年（昭和一五）六月には大都市で、米、みそ、しょうゆ、塩、砂糖、パン、菓子、衣料、木炭、マッチの一〇品目の切符制、割当配給制が実施されるようになった（マッチは一人一日五本、砂糖は一人月に約三〇〇グラム）。

さらに一九四一年（昭和一六）四月一日に「生活必需物資統制令」が公布されてからは、立て続けに配給制になる品物が急増、大都市に限らず日本中で物資の不足が慢性化していった。そして一九四一年一二月八日に太平洋戦争が始まると、砂糖は配給停止、米は一日二合三勺（約三三〇グラム）から二合一勺（約三〇〇グラム）となっていき、食料事情は逼迫の度を深めた。

そうした戦争中の暮らしを記録した本がある。一九四四年（昭和一九）の配給生活は以下のように描かれている。(1)

「昭和十九年の秋。

その日、町内の防火用水槽の上に、ひさしぶりに鯖が二尾、大根が四本、大箱マッチが一箱おいてあった。そのまわりを取りかこんで、隣組一七軒の主婦たちが騒いでいる。

魚の切身やマッチの軸木の配給を、目分量でわけるのは不公平だ、ともめているのであった。

その時、最年長の佐賀県出身の奥さんが、「今日から、小さかもん分けるとき、これば使うて計りまっしょっ」と、ボール紙を丸く切り、四箇所に丈夫な糸を通し、菜箸に丹念に目盛りを切りこんで竿を作り、おもりには、ミシンの糸巻をくくりつけた小さな手製の竿秤りを出された。それ以来、魚の切身やマッチの軸木をわけるのに、どこからも苦情が出ないようになった。

豆腐やオカラは隣組配給ではなかった。近くの八百屋へ豆腐屋が卸し、それを小売りするようになっていたらしいが、交換物を持たない私は、一度もその八百屋で、豆腐もオカラも売ってもらったことはなかった。いつ行っても「売り切れました」というだけで、ふりむいてもらえなかった。

千田《せんだ》町で知人が豆腐製造をやっていることを知り、訪ねてみると、長い行列がその豆腐屋を取巻いていた。自由販売のオカラを手に入れようとする行列であった。私も長い時間をかけて、一かたまりのオカラを手に入れた。

その日の夕食には、そのオカラに小麦粉を少しつなぎに入れ、塩をふりこんでフライパンにならべ、家族そろって七輪をかこんで、オカラまんじゅうを焼きながら食べた。子供たちは、ひさしぶりに満腹したのか、機嫌よくはしゃいでいた。

それからは足しげく、その豆腐屋へ通った。そのたびに、タンスから木綿の着物が姿を消した。

(以下略)(広島市　小久保よう子)」

「昭和十九年

○三ヶ日は休み、四日、五日は買いに行っても何も無し、暮の配給品で食卓賑う

△主食　五日に餅米三日分差引いた七日分を配給せらる

○一月六日　ささやかな水菜が四分の一株

○七日　また皆無

○八日　大根　二本有難し

砂糖　四人　半月一、二斤《きん》（※一斤は六〇〇グラム）
むらさき　月に四合五勺
御味噌　一人百匁《もんめ》（※一〇〇匁は三七五グラム）
○九日　卵　一人一個　蜜柑　一人百匁　蔬菜ナシ
○十日　鼠大根　するめ烏賊　登録制による
○十一日　品無しとて、どの店も閉してあり、買物袋空っぽで戻る
○十二日　大根
○十三日　ナシ
○十四日　白菜　一本　みかん　一人に百匁
○十五日　菜はまたナシ、精米　十日分
正規に流れて来る食品の購入状況は半月に右の如くであった。この外のいわゆる乾物もの、塩もの、佃煮類、蒲鉾《かまぼこ》、半平《はんぺん》、ソーセージ、ハム、昆布加工品等々、有るには有るらしいが、これを購わんとすれば行列であり、闇値であり、縁故、横流れに封じられるのが現状である
○十六日　砂糖　一、二斤　牛肉百匁
○十七日　非番　ナシ
○十八日　東京葱　牛肉のあしらいに甚《はなはだ》　珍重
お肉百匁を二日分にいただく

○十九日　はまち　片身　すぐき菜　みかん　百匁
○二十日　市場は休み　ナシ　とうふ　おあげ　卯の花
○二十一日　非番　ナシ
○二十二日　白菜　二分の一　わさび
○二十三日　非番　ナシ
○二十四日　玉葱　五ツ
○二十五日　生干　鰮《いわし》　二十尾
　大蟹　自由販売
　主食配給　精米十日分
　乾うどん一日分　三把で四人三食分　つまり一把で四人一食分ということになる
△一月分清酒　となり組より七合　二等酒も少量交《まざ》る
△食用油　一人一合宛
○二十六日　かぶ
○二十七日　非番　ナシ
○二十八日　大根
○二十九日　蠣《かき》
○三十日　揚豆腐　白とうふ　卯の花　すぐき
○三十一日　小魚　めばる　玉白菜二分の一　昆布

●一月中　魚類五回、蔬菜十四回、牛肉一回、卵一回、豆腐二回、食用油一回、雑穀一回、蜜柑三回　（以下略）（平岡峯太郎）」

戦時下の食料難の様子が手に取るように分かる。家庭の主婦たちは限られた品を買いそこなわないようにと、連日店頭に行列を繰り返した。ある調査では、五人家族で一日四時間半、行列買いに費やされているといわれた。

その後この行列を解消するため、各世帯ごとの商品登録から隣組単位の登録に切り替え、隣組の当番が所定の配給所で野菜などを受け取る、というやり方になった。こうしてどの家庭も、町内会、隣組を離れては生活できなくなっていったのである。戦争中の食料難は、このように厳しかった。けれども戦後はこうした状況が解消されないなかに、多数の復員兵や引揚者が帰国して来たのである。食料難はなお一層深刻な事態となった。敗戦時、陸軍、海軍、一般邦人約六六〇万人が海外にいた。そのうち約五〇〇万人が一九四六年（昭和二一）中に日本に帰国してきたのだから、食料が不足するのも当然であった（一九四五年一〇月一日の日本の総人口七二四一万人）。

その上一九四五年産米は〝大正・昭和期最大の凶作〟といわれるほどの不作で、農家の供出率も低かった。一九四六年一二月の大蔵省の発表によれば、国民の生活費は七〇パーセントが飲食費（エンゲル系数七〇パーセント）、一人当たりのカロリー摂取量は一三八〇キロカロリーであったという。ある裁判官は闇米を食べることを拒否して配給の食糧だけで生活するうち、栄養失調となり死亡した。また、戦争中に「闇をするのは国賊だ」と国民に呼びかけた某教授も、戦後の配給生活のなかで命を落とした。

では『葛飾自治新聞』にもどって、生命を維持するには足りない戦後の配給の実際がどんなものであったのかを、みていくことにしよう。

まず、主食に関する記事から。

○「配給告知板　四月分主食満配

葛飾食糧公団支所では、今月三〇日分として第一回米一〇日分（三月下旬）、砂とう三日分配給済であり、現在実施中のものは米一〇日分、粉五日分で、カン詰一日分も近く配給する。尚ブドウ糖一日分も配給する予定、これで四月分満配される訳である」　（一九四八年四月一八日付）

○「御存知ですか

一一月一日より主食が増配されます。新配給基準量は次の通りです。

一才―三才まで　二一〇グラム（一合五勺《しゃく》）

三才―五才まで　二七〇グラム（一合九勺）

一一才―一五才まで　三二〇グラム（二合二勺）（※六才から一〇才は記述なし）

一六才―二五才まで　四〇〇グラム（二合八勺）

二六才―六〇才まで　三八五グラム（二合七勺）

六一才以上　三三〇グラム（二合三勺）」

（一九四八年一〇月二四日付）

米の配給は終戦直前の一九四五年七月以降、一人当たり一日二合一勺（約三〇〇グラム）だったが、一九四六年一一月には二合五勺に改善され、一九四八年一一月一日から再び増配された。記事をみると年齢ごとに細かく配給量が定められていたことが分かる。成人の配給分が一日二合七勺から二合八勺あれば、案外十分のようにも思えるが、「四月分主食満配」を読むと、主食の米は二〇日分だけで、あとは砂糖や粉、カン詰、ブドウ糖が米の代わりに配給されている。エネルギー量を米と同等にして配給したにしても、砂糖やブドウ糖では腹の足しにはならなかったであろう。

この砂糖については、次のような記事がある。

○「御存知ですか　第二七回主要食糧配給計画について

四月二八日連合軍司令部から放出を許可された砂とうを左記計画により配給することになる。

1、配給量、家庭用世帯一日当り消費量を三倍し、キロ未満の数量は四捨五入した数量

2、三食外食者用勤労加配用　一ヶ月配給予定量ノ一〇分の一に相当量に、主食差引量砂とう配給量の一割増の量

3、配給時期、四月二九日から配給を開始し、可及的速かに配給を完了する

4、この配給が完了した際の最終消費日は五月一二日」

（一九四八年五月一六日付）

○「御存知ですか

砂とうは主要食糧欠配の補充です。先に五、六日分配給になりました。砂とうは主要食糧にな

らぬときらう方があり、あるいは米国の余剰品を日本に販売するという誤解をしている人があるが、現在の処、食糧不足は世界的であり、日本も欠配になるおそれがありますので、米国民の厚意による占領地救済費の中からの砂とうであれば、欠配の補充として配給されているのです」

（一九四八年九月五日付）

○「配給告知板　主食

新米穀年度第一回分として、去る七日迄に新米七日分が配給されましたが、続いて来る一七日迄に第二回分輸入食糧五日分（精麦、乾パン、大麦粉、トウモロコシ粉の内何れか一品）が配給されます。又第三回分はサツマ芋、第四回分は砂糖（キューバー糖赤ザラメ）で二日分が配給されます。此の砂糖は主食差引の最後の分で、来月からは砂糖は調味料として配給される。以上四回の配給で一〇月中一〇日分の先渡量を加えると二七日迄配給された事になる」

（一九四八年一一月一四日付）

輸入にたよっていた砂糖の配給は、戦況が悪化した一九四四年（昭和一九）八月以降停止されていた。再び砂糖の配給が復活した時、人々はどんなにうれしかったことだろう。けれどもその砂糖が「主要食糧欠配の補充」であることには、不満を抱く人も多かった。記事は「食糧不足は世界的」「米国民の厚意による占領地救済費の中からの砂とう」であると説いて、区民に理解を求めている。

一九四八年一一月になっても相変わらず米の配給は少なく、サツマ芋や砂糖が主食代用品となっている。輸入穀類が増えていることが、多少の明るいきざしであろうか。

「配給告知板」にはさまざまな輸入食料が登場する。当時の日本人にはあまりなじみのない食品も多く、それを美味と感ずることは少なかったであろうと思われる。けれどもそれらは、今では現代の食生活には欠くべからざる食材となっており、占領体験の遺産がしっかり根づいたことを物語っている。

○「配給告知板　輸入乾海苔家庭配給

都中央卸市場では、連合軍好意による輸入乾のりを家庭配給することになった。配給地域は都下一円（島しょ除く）で、配給対象は世帯台帳に登録されている世帯で（三食外食者を含む）、取扱店舗は加工水産物登録小売店舗、若しくは乾のり類登録小売店舗の三で、配給期日は四月八日より約一ヵ月間。区より割当票を受け、分荷機関に提出次第現品を配給する。配給券は家庭用品購入通帳中（二三年一月一日発行）内番号券（七ページ）い号の一、引換券予約券を使用、通帳乙は番号券い号の一を使用する」

（一九四八年四月一八日付）

○「同　人造バター配給

今般連合軍総司令部の好意によりコプラ（※椰子の果肉を乾したもの）より精製された人造バターを配給する。対象は検印日現在における自家用保有米所持者及び三食外食者を除く一般世帯で、

○○価格は一人当り一〇匁二円八五銭、配給方法は米穀通帳を持参の上、家庭用品購入通帳A第四号券に検印日現在の世帯員数の記入検印をうけ、食用油脂販売店より購入する。期間は四月一五日より一九日まで」
（同）

○「同　スープミックス
新しい輸入食糧として「スープミックス」六、八九〇トンが五月分の輸入食糧にふくまれて近く配給。これは小麦粉、豆類、香辛料が原料となっているので、食べるにはミソ汁状にするのが最適」
（一九四八年五月三〇日付）

○「同　病人、乳幼児に還元牛乳
今度連合軍好意の固型バター及脱脂粉乳の放出が許可されたので、農林省では始めての試みとして還元牛乳をつくる事になり、六ヶ月の間、来月より病院、病人、満二歳以下の乳幼児に配給する」
（一九四八年六月六日付）

○「同　輸入食糧
一〇日から三〇日までの期間、一般家庭に小麦粉、カンパン、カンメン、マカロニ、マメ、小麦、デン粉、カンヅメ（スープ三種）の内いづれか一品で二日分配給、六月分のパンをもらう家庭はこの中から一日分を差引き一日分を配給する。これで一四日まで完配で、この外凍結米の配給計画があるから六月は遅配はない」

（一九四八年六月一三日付）

日本人は占領期にこのようなさまざまな輸入食料体験をした。配給食料ばかりではなく、ララ物資や学校給食のパンや脱脂粉乳も〝連合軍好意〟によるものだった。(2)こうした体験が戦後の日本の食卓を大きく様変わりさせ、日本人の体格を劇的に向上させたことは、誰もが認めるところであろう。

一九四七年、一九四八年は戦地から復員してきた男たちと適齢期を迎えた娘たちが新しい家庭を作り、たくさんの子どもたちが誕生した時期でもある。「配給告知板」には、妊婦や乳幼児に対して特別支給のあったことが示されている。これは日本政府自身の判断というよりは、ＧＨＱからの指示によるものであったと思われる。

○「配給告知板　妊婦に牛肉配給

区経済課では第三回特需用牛肉の配給を実施する。配給対象は産前六ヶ月の妊婦で、配給数量は一人五〇匁（※一八七・五グラム）（一五円）、配給方法は出張所から配給券の交付をうけ、特需用牛肉販売店と表示の店より購入、期間は一〇日まで」

（一九四八年四月一一日付）

○「同　乳児用ホロ蚊帳《かや》配給

今度一般家庭の赤ちゃんに乳児用幌蚊帳を配給する。割当数量は三六七張（一人一張宛）で、

配給対象は昭和二二年七月一日以降昭和二三年四月二〇日までに出生届を完了し、配給日現在当区内に居住の乳児で、配給方法は、

1、該品配給希望の該当者より申込を受け、申込数が割当数量を超過した場合は抽せんにより配給する

2、受配該当者に対しては、特殊衣料切符を交付する。取扱は、『東京都特殊衣料切符取扱要領』による

3、受配者は切符発行の日より二〇日以内に予約申込のこと」

（一九四八年四月二五日付）

○「同　妊産婦にバター配給

今般産前一ヶ月の妊産婦に対しバター一人に付半封度《ポンド》（※約二二七グラム）（一〇〇円八五銭）を配給する。期間は五月、九、一〇日は本田地区で、一一日は新宿支所においてそれぞれ午前一〇時より午後三時まで出張販売する。購入方法は、該当者は出張所より購入券の交付を受け妊産婦手帳を添え購入する」

（一九四八年五月九日付）

○「同　ビタミルク

五才以下の幼病弱者、妊産婦に代用牛乳「ビタミルク」を配給する。量は一日一人当り二合、一合六円」

（一九四八年五月三〇日付）

○「同　第二回ビセークル
　妊産婦・患者用のビセークル（栄養食）が配給されます。一ポンド一二〇円で妊産婦は母子手帳を示して都内デパートで購入して下さい」
（一九四八年一一月七日付）

一九四七年から一九四九年に生まれた乳児たちは、後に〝団塊の世代〟と呼ばれる一群となる。その数はこの三年間だけで約八〇二万人といわれ、高度経済成長期にはさまざまなブームの担い手となった。彼らは米兵に「ギブミー、チョコレート」と手を差し出した経験は持たなかったが、アメリカのテレビドラマ、ディズニー漫画、映画、ラジオ、音楽、食、ファッションなどを通じてアメリカンカルチャーの洗礼を受け続けた。なかには青年期に、他国に対する暴力的なアメリカの姿に反米感情を持つ者もいたが、全体としてはアメリカナイズされていき、ジーンズやジャズやロック、ファストフードは生活の一部となった。

この〝団塊の世代〟の初めてのアメリカ体験は、「配給告知板」を見ると実は配給の輸入食糧の数々だったのではなかったか、と思う。食料難の時代に「還元牛乳」「ビタミルク」「ビセークル」「ビオスボール（栄養菓子）」といった乳幼児向けの配給品は、若い母親たちにはさぞ喜ばれたことだろう。

アメリカの日本に対する食糧援助は、一九四六年から一九五一年までに小麦粉に換算して総額約五〇〇万トンを超えたといわれる。これによって戦争直後の日本は、最悪の食糧危機をまぬかれることができたのである。

「アメリカニゼーションの光と影[3]」を書いた安田常雄は、この食糧援助を庶民は生活感情としてどう受け止めたのか、ということについて、「アメリカへの感謝」に収斂し、日本政府の無能との対比において「アメリカ的なものを受け入れていく重要なステップになった」と記している。私の父も「戦後はアメリカに助けてもらった」と述懐していたことが思い出される。

一九四八年暮。「配給告知板」には、ささやかではあるが正月を迎えるにぎわいがみられる。

○「配給告知板　幼児にココアキャラメル

農林省では輸入食糧を原料にしたココアキャラメルを二歳から七歳までの幼児に今月から来年二月まで毎月一人当り七〇グラム（一六粒）ずつ配給、値段は二〇円位です。

炭・薪年内に

木炭は月末までに一般世帯一人から三人までに半俵（二貫目）、四人から一〇人まで一俵、外食者にも半俵配給があります。薪も月末までに一人から六人までの世帯に二束《たば》、七人から一〇人まで四束配給されます。外食者にはありません。

米・輸入食糧

年内に米一八日分、輸入食糧三日分の配給があります。なおもち米一人一キロ（二・四日分）は二三日頃までに配給完了の予定です。

みそ・しょうゆ

一二月分ですから購入通帖四号、みそ・しょうゆ予約引換券に一四日までに検印を受け自由に小売店へ予約して下さい。配給期日は一五日から一月一〇日まで。みそは一人当り一八〇匁、しょうゆ一人当り三合五勺です（みそ百匁七円七〇銭、しょうゆ一合四円一五銭）。
ミカンの缶詰
一世帯一人当り一ポンド入一カン（三九円五二銭）、今月中に配給されます。購入通帖B三号券を使用、登録店より購入して下さい。
正月用魚・タケノコ缶詰
魚はマグロ・イカ・クジラ・フィッシュボール等一世帯半ポンド、値段は種類により違うが大体四〇円位です。タケノコは一人当り二〇匁宛（百匁二九円）。
輸入コーヒー
一世帯当り四分の一ポンド（五〇円）宛、配給期間は二〇日から一月一五日まで。購入通帖は号引換券、予約券を使用、一四日まで缶詰登録店へ予約して下さい。
タバコ増配
正月からタバコが増配されます。正月用タバコの特配はありませんが、今まで五〇本のところ正月から六〇本に増配されます」

（一九四八年一二月一二日付）

戦中も戦後も、主婦たちはこうした配給品を手に入れるために東奔西走、闇で食料を手に入れ、農家に買出しに行き、みずから土を耕して野菜を育てた。もののないなかで赤ん坊を育てる若い母親たちの苦労も、なみなみならぬものがあったことだろう。こうした女性たちの奮闘なくして、家庭生活は成立たなかった。「生きる」ことと「食べる」ことが直結していた時代。戦争は終わっても

「生きる」ための闘いは続いていた。

『女の戦後史1　昭和二〇年代』には、当時の女性たちについて次のような記述がある。(4)

「この時期に必死になって食糧を獲得しながら生きぬいてきた人々、とりわけ女性たちは何か自信のようなものがあるのではないだろうか。それは、たとえどんな時代がきたとしても、何とか工夫して生きていくことができるという自信である。また、そのために、なりふりかまわず生きることへの、ある面では快さというものであろうか。そして、生きぬくためのあさましさの一方で、買い出しのなかなどでの思わぬたすけあいや出会い、食糧メーデーなどへの共鳴、ギリギリの〝生〟での人間の共感や心のつながりへのなつかしさでもある。案外それらは、その後の人生の、あるいは一歩であったのかもしれない」

『葛飾自治新聞』の「配給告知板」は葛飾区民の生活に直結するだけに重要な情報ソースであったが、一九四九年春頃から世の中に品物が出回り始め、少しずつ自由販売品が増えてくる。そして一九五〇年三月二六日付を最後に、「配給告知板」は姿を消した。なお配給記事の最後は、一九五二年三月九日付の次の記事だった。

○「最後の砂糖配給

三一日まで砂糖の配給が受けられます。一般家庭用は一人当り〇・五斤、在宅結核患者用として一人一斤が三月分として配給される。砂糖の統制が三一日で廃止されるので、配給はこれが最後となる」

この戦中戦後の配給制度の名ごりとして遅くまで残ったのが、米穀通帳（一九四一年より）と食糧管理法（一九四二年より）だった。米穀通帳が正式に廃止されたのは一九八一年（昭和五六）、食糧管理法が廃止されたのは自主流通米の登場（一九九三年・平成五）の後、一九九五年（平成七）のことである。

注

（1）『暮しの手帖九六　特集　戦争中の暮しの記録』。
（2）一九四七年一月二〇日、小学校でララ物資による給食が再開（副食のみ）。都市の学校の当日のメニューは、マカロニと缶詰のサケを脱脂粉乳で煮込んだスープが一杯。主食は各自持参だったが、手ぶらの子供が多かった（『増補版　昭和・平成家庭史年表』より）。
（3）『戦後思想と社会意識』。
（4）一番ヶ瀬康子「買い出し」『女の戦後史1　昭和二〇年代』。

参考文献

暮しの手帖社『暮しの手帖96　特集　戦争中の暮しの記録』一九六八年。
下川耿史編『増補版　昭和・平成家庭史年表』河出書房新社、一九九七年。
中村政則ほか『戦後思想と社会意識』岩波書店、二〇〇五年。
朝日ジャーナル編『女の戦後史1　昭和二〇年代』朝日新聞社、一九八四年。

占領下にあるということ

ポツダム宣言を受諾して無条件降伏した日本は、連合軍の占領下に置かれることになった。けれども実質的にはアメリカによる単独占領であり、その方針は「降伏後における米国の初期対日方針」（一九四五年九月二二日公表）に基づいて進められた。

ここには占領の「究極ノ目的」は、「日本国ガ再ビ米国ノ脅威トナリ又ハ世界ノ平和及安全ノ脅威トナラザルコトヲ確実ニスルコト」「他国家ノ権利ヲ尊重シ国際連合憲章ノ理想ト原則ニ示サレタル米国ノ目的ヲ支持スベキ平和的且責任アル政府ヲ究極ニ於テ樹立スルコト（以下略）」であると明記されている。

そして、この目的を達成させる手段は以下のように示された。

「日本国ハ完全ニ武装解除セラレ且非軍事化セラルベシ軍国主義者ノ権力ト軍国主義ノ影響力ハ日本国ノ政治生活、経済生活及社会生活ヨリ一掃セラルベシ　軍国主義及侵略ノ精神ヲ表示スル制度ハ強力ニ抑圧セラルベシ」（他三項目略）。

アメリカは日本の降伏以前から、日本が軍国主義化したのは国家体制（統治機構）に原因がある、と分析しており(1)、政治的な構造を改革することと、日本国民の意識を転換させることを重要な課題としていた。第二次世界大戦において、連合国はファシズム打倒と民主主義擁護を共通の戦争目的として闘ってきた。そのため連合国は戦争に勝利した後も、今後の国際平和保持のために敗戦国（日本・ドイツ・イタリア）に対して、国家の改造や国民のものの考え方、習慣まで変えることを求めたのである。

アメリカは旧い日本の統治機構を解体するために、新憲法を制定した。平和主義、民主主義、人権主義、国際主義に裏付けられた日本国憲法のもとに、天皇制、国会、選挙、地方自治などが次々と改革された。

一方、日本国民の意識を変えるためになされたのは、古くからある地域の住民組織を解体することであった(2)。一九四七年五月三日、日本国憲法、地方自治法の施行と同日、ポツダム政令第一五号が公布された。

「昭和二〇年勅令　第五四二号　ポツダム宣言ノ受諾ニ伴イ発スル命令ニ関スル件ニ基ク町内会・部落会又ハソノ連合会等ニ関スル解散、就職禁止ソノ他ノ行為ノ制限ニ関スル件」(3)。

当初GHQは住民一人ひとりに指令を行届かせたり、食糧配給に役立てたりするために町内会制度を利用しようと考えていた。しかし地域ボスの存在や、GHQの指令が無視されるような実態(4)が分かってくるにつれ、「利用できるもの」ではなく「指令を阻害するもの」であると考えるようになり、町内会は廃止されたのである。

当時の東京都民は町内会に対してどう感じていたのか。『東京都の百年』には、「そのころ隣組の廃止をのぞむ都民の声が七割に対して、存続は二割という調査の結果がでた」とある。戦時中に町内会や隣組が〝非国民〟や〝異端者〟を生み出さないように相互監視する役割を果たしていたことや、地域有力者の横暴に対する反発などから、戦後激しく嫌われたのだろう。(5)

それほどまでに嫌われた町内会だが、政令一五号によって廃止されてしまうと、住民の側では地域で発生するさまざまな問題に対応する組織がないために、困ったことになった。そこで町内会の空白を埋めるべく、各地に次のような名称の代替組織が結成された。

防犯協会　協力会　交友会　自治会　互助会
防火協会　衛生組合　睦会　電灯会　文化会
赤十字奉仕団　衛生協力会　共栄会　など　(『戦後改革と地域住民組織』より)

葛飾区でもこの時期に「衛生会」が結成された。この「衛生会」は占領下にどのようにして生まれ、その後どのような命運をたどったであろうか。『葛飾自治新聞』から追いかけてみることにしよう。

「衛生会」に関する記事は、一九四八年四月四日付号に初めて登場する。

○「もめた金町衛生会　選挙で正副会長決定

社会、自由、民主、共産、各党乱立している金町地区衛生会総会は、三月二七日午後一時より金町小学校において各支部の理事五〇余名出席の下に開かれたが、開会時より波らんを呈し、役員は互選にすべし、否選挙に依って行うべきとの意見が相対立し、結局選挙に依るの雲行きになるや、互選派は奮然として席を離れ、場内は殺気に満ち、会の進行が危まれたが、選挙の結果会長には広沢孝一（自由）氏、副会長に区議小川茂（社会）氏、医師坂本忠治氏、長谷勇氏がそれぞれ押され就任することになった。なお常任理事会計は未決定となってをり、追って決定されるものと見られる」

区民の健康や衛生的な生活を推進する団体であるはずの「衛生会」が、穏やかならぬ空気に包まれている。「場内は殺気に満ち」は少し大げさではないかと思うが、政党色あり、感情的対立ありで、あまり友好的な雰囲気とはいえない。

この「衛生会」設立の経緯は、次の記事に明らかにされている。

○「時評　衛生会設立と組織　鈴木寅之助

衛生会設立の声のたったのは昨年九月初旬だとおもう。区内の衛生事業の完ぺきを期するためには一つの組織体をつくることの必要を、区理事者や区常設衛生委員の間に痛感されていた。所が偶々《たまたま》かの大水害にそう遇し、衛生事業の施策がどんなものであったか、また組織の力がどんなものであったかは読者の批判に委せるとして、一〇月の中旬ごろ、区の常設衛生委員会で衛生会設立の案が採り上げられた。その後区議会衛生委員、区役所衛生課員、各出張所長をまじえて数回にわたって審議検討された結果大略………

一、趣意書ならびに規約案を作製すること
一、官制的なものではなく、あくまで民主的に区民の意思を反映せしめること
一、区衛生委員、各出張所長は、会創設の推進力となって協力すること
一、区議会議員全員及衛生に関係ある団体、ならびに学識経験ある方々の協力を求むること
二、組織及対照となる会員は区内に居住する個人若くは法人で、自由に加入出来る。しかして各出張所毎に支部を置き、支部の基に地域毎の分会をつくる。地域分会の内容の細部は任意的なものとする
三、目的は衛生施設の整備強化と区民の健康を保持増進する

これ等の骨子を基に着々具体的審議が重ねられ、暫定規約案も出来たので、いよいよ区民各位に呼びかけることになった。（以下略）」（一九四八年五月一六日付）

葛飾区の「衛生会」は、カスリーン台風（一九四七年九月）による大水害被災が区民の生活環境を悪化させ、衛生問題の改善が緊急の課題となって設立された。そして区議会や区役所などが率先して、趣意書・規約を作ること、民主的に区民の意見を反映させることなどを検討、「いよいよ区民各位に呼びかけることになった」という次第である。

これを受けて、区内各所に「衛生会」が誕生した。亀有地区においては一八もの「衛生会」が作られ、亀有地区衛生会と称する連合体を組織するまでになる。

○「区内衛生会の巻　自主的に盛立つ亀有地区　亀有署講堂に披露式
　某地区域においては一つの衛生会が中々まとまらず、区三谷衛生課長腰弁《こしべん》で出張所を訪ね所長激励に大童《おおわらわ》、処《ところ》が亀有地区では衛生思想の普及高揚は各々の手でと、自主的に造られた衛生会が出来るも出来た一八衛生会。この下より盛上った一八衛生会が集り亀有地区衛生会と称する連合体を組織すべく、三月二八日各代表出席結成大会となり、（中略）去る四月一日亀有署講堂においてひ露式が城支所長、川清駅長、亀有警察署長、その他の来賓を迎え盛大に開かれ、石川亀有病院長、渡辺医院長より先の来賓に次いで祝辞があり閉会。今後の活躍に期待するものが多い」

（一九四八年四月一一日付）


町内会制度が廃止されて、地域の住民活動の拠点が失われたことが「衛生会」が続々と誕生した理由であろう。

東京の低地にある葛飾区には、川や用水堀、池や湿地、小さなドブ川などが多く、夏になるとカやハエの大量発生に悩まされていた。カが媒介して発生する日本脳炎も脅威だった。また井戸水を飲料用に使うことからパラチフスや赤痢などの伝染病も発生、家庭ではノミやシラミが人々を困らせていた。多くの家庭が上水道も下水道もない、つまり井戸水を汲んで生活用水とし、汚水をそのままドブ川に流す暮らしをしていた。カスリーン台風による水害の時は、区内全部が汲み取り式便所であったために悲惨な有様となった。

こうしたことに対応できる組織作りの必要性は、区当局も住民側も強く感じていたに違いない。

一方GHQは、占領政策を進めるにあたって日本側に衛生実態調査をさせたところ、衛生状況の劣悪さ、(6)各種伝染病の蔓延が判明し、(7)伝染病予防対策を最重要課題とすることに決定した。

なぜ最重要課題としたのかといえば、ひとつには「被占領国の国民(=日本人)の健康を保護する」(8)ためだが、本当のところは「占領軍の安全を脅かす疾患や不穏を予防する」(9)ためであった。占領軍兵士が健康を害することなく占領任務を遂行できるような環境を用意すること、それが第一に求められたのである。

GHQはこうした伝染病予防活動は、住民が地域ぐるみで実施しなければ効果が上がらないことを知っていた。またそのためには、今までにある住民組織の経験を利用することが最も効率的であることも分かっていた。

しかしその反面、GHQは軍国主義撲滅のため、地域住民組織の解体を指示・命令していた(ポツダム政令第一五号、一〇七ページ参照)。一九四七年から一九四八年にかけてのGHQは、地域住民組織を解体しておきながら、その組織を活用して公衆衛生対策を進めなければならない、という矛盾をかかえることになった。

葛飾区にとっても、カスリーン台風後の衛生状況の悪化に対処するにあたって、町内会の禁止があるため「衛生会」という別団体を急きょ設立した、という内情がある。葛飾区の「衛生会」は、極めて微妙なバランスの上に成立していた。

その後の「衛生会」の動きを追ってみよう。

○「葛飾連合衛生会長　推薦委員会難航

葛飾連合衛生会長推薦委員会は、去る七日午後一時より保健所会議室において一六名の委員に依り開催された。会長候補として選衡の結果、水越玄郷、宮本重信、石崎英文の三氏を挙げ、その中より投票に依り会長を決定する事になり各委員投票した。然るにその開票前に小委員会が談合の結果、新宿支所地域よりは会長候補（石崎氏）は辞退させるから副会長二名を、との交換条件を認めよとの申出あり。森田議長之を内諾し、推薦委員会には新宿支所側は会長を辞退したからとて小委員会の詳細を説明せず、そのまま開票した結果水越氏七票、宮本氏六票、石崎氏三票との数字が出た。そこで委員中には、石崎氏は辞退したのであるから当然その票は無効であるが、石崎氏が辞退した以上、水越、宮本両氏の決選投票によるべきであり、先刻の投票は無効なりと提案する者あり。又副会長選衡に至り、新宿支所側は先の条件を提出した副会長二名を譲らず、委員会は紛争して大半退席したが、残る委員七、八名にて決を取り、水越氏を会長に決定した。然し退出せる委員達はあくまで之を無効とし、水越氏推薦委員一同は又有効であると互いに紛争を続けて居る。現在までの情勢では、まだまだ難航が予想される」　（一九四八年四月一八日付）

○「立石北町衛生会の紛争　円満解決の曙光見ゆ　紛争が続けば町民が迷惑

本紙第二号既報のごとく昨年一一月以来二つの衛生会が生れ、遂にテロ行為にまで発展して、なかなか解決困難を思わせていた立石北町衛生会は、当初から調停の労を執っていた鈴木寅之助氏始め高橋区長、○野第四出張所長の奔走により、両会長以下役員も町の明朗化のため何んとかして一本になりたいとの空気が最近濃くなっているので、円満解決は今一歩の処と思われる。さる二四日午後七時より山岡会長宅において高橋区長、鈴木寅之助氏、山岡会長以下役員一五名出席、なんとか一本の線にもってゆくべく最後の協議が試みられた。

まづ鈴木氏（調停委員）より今までの田淵派との交渉経過報告あり。高橋区長からも町の為なんとか円満りに解決して欲しいとあいさつがあり、山岡会長その他役員諸氏からも種々意見があったが、何れも町の明朗化のため一日も早く円満解決を望んでいるので、今一歩との空気であった。それで高橋区長、鈴木氏は新しい観点から田淵派とも会見し、最後の仕上をすべく申し合せ、一一時散会した」

（一九四八年五月三〇日付）

「衛生会」は区内に次々と設立されているが、「談合」「交換条件」「委員退席」といった地域有力者間のもめ事が絶えず、区長が調停に乗り出す事態まで発生している。けれどもそのような混乱を乗り越え、六月中旬、とうとう葛飾連合衛生会が結成されることになった。

○「難産を重ねた葛飾連合衛生会　目出度く誕生

区民の健康保持を目的に区内七〇有余の衛生会が誕生したが、同会の連絡強化を計るべく連合体の創立が急がれていたが、最近既報の如く水越都議を会長に、水戸都議、白井信男、鈴木寅之助、森田常作氏等を副会長に内定せる葛飾連合衛生会発会式は、漸《ようや》く去る二三日午後二時より区役所会議室において、浦野衛生委員長の開会辞に森田進氏より経過報告があり、議長に宮沢道夫氏、副議長に鈴木寅之助氏が就任、議事を審議の後、会長あいさつ、来賓の祝辞等があり、準備期間一年、難産を重ねた連合衛生会はここに目出度く誕生し盛会りに閉会、今後の活躍に区民の期待は注がれている」

（一九四八年六月二七日付）

○「マニトフ婦人少佐熱弁　葛飾連合衛生会発会式　日本の現状は米国の五〇年前

既報、区連合衛生会発会式に関する記事中、役員の選衡問題等に若干の相違を生じたので、訂正補足を兼ね掲載致します。

同会発会式は二三日午後二時より、小板橋氏の司会により高木四郎氏の開会のあいさつに経過報告、議長選挙、続いて規約の審議を行いこれを決定の後、同発会式に態々《わざわざ》来会せる東京軍政部公衆衛生課長マニトフ婦人少佐より公衆衛生について米国の情況等をゼスチュアたっぷりの熱演があり、司会者より感謝のあいさつに降壇、正副会長の選衡に各出張所管内より三名計二一名の委員により既報内定中の正副会長の決定をみたが、亀有地区よりの副会長に対しては現地委員より異議があり、支所管内より一名のワクのみ決定、人物の決定はみぬままに役員の発表をおこない、会長就任のあいさつ、都局長、区会議長の祝辞があり、水戸副会長閉会のあいさつに幕を閉じた。

難産の連合衛生会愈々《いよいよ》発足

予定の二時より四〇分遅れ高木氏の開会の辞に、浦野氏より十数回の理事会を重ねた同衛生会連合体の発足に至る間の経過について述べ、議長選出は司会者一任となり、小板橋氏より宮沢道夫氏を議長に鈴木寅之助氏を副議長に指名、規約の審議にいり議長より「規約案印刷遅延のため草案を通読逐条《ちくじょう》的審議に願ひ度い」の提案に、理事代議員に配分の上慎重を期すべきであると異議の申出があり、司会者模造紙一ぱい規約を大書これを提示、苦肉の策を買って頂きたいと泣をいれ、この間三〇分休けい、満場これを認め審議に入らんとする直前規約の印刷物到着、これを配布質疑応答の後万場一致これを可決、発足の日より施行することに決定。ついで同発会式に態々来会せるマニトフ婦人少佐より大体左の様な講演があった。

マニトフ婦人少佐講演内容

「日本人は家庭的には衛生的な生活をしているが、公衆衛生に対しては認識がとぼしい。公衆衛生思想の水準を高めてもらいたい」

ワクチンのない病気の登録制

性病に対する予防、結核等の如くワクチンのない病気に対する処置注意があり、これに宮沢議長より専門的の質問に、「米国では結核等の病人は登録制にして、即ち東京の病人が長崎にいっても不明になる様なことは絶対にない。日本政府もこの点目下準備中である」アメリカでは衛生会という様な組織ありや、どんな活動をしているのか、の質問に

ドブ掃除等は米国の五〇年前

「衛生会に代る様な慈善事業団体はある。この種の団体は罹《り》病者にはもちろん家庭生活に立入り援助、安心して登録施療《せりょう》できる様になっている。ドブ掃除等はすでに徹底して居り、医療施設

の高揚といった面に助力する程度である。現在の日本は米国の五〇年前に等しい情態である。米国には一人の罹病者もなくする目的の会はある」その他親切に説明、司会者小板橋氏より感謝のあいさつがあり、講演がおわり五分休けい——（以下略）」

（一九四八年七月四日付）

この時点ではGHQも、東京軍政部公衆衛生課長マニトフ婦人少佐を発会式に参加させており、「衛生会」は〝利用できるもの〟と考えていた。マニトフ婦人少佐は日本人の公衆衛生意識を改革すべく、熱意を持って聴衆に語りかけたことだろう。

ところで区民は、こうして設立された「衛生会」に対してどう感じていたのか、その一端が次の記事からうかがえる。

○「円満な亀有西衛生会　各地に起る結成への不平

街の衛生会はだれが造ったか？会費を取りに来たからその様な会のそんざいを知った、現衛生会は民主的に結成されたものに非ず、一部のボスまたは旧町会当時の顔役により一方的に造った独善的会であり、会費徴収のみ全町民にまわるとはけしからん。会費徴収にまわれる位なら、結成する時にも一応の連絡は出来る筈だ、使用のプランも立ず唯出せ出せはひどい、この様な不平は記者周辺において聞されている街の声であり、会の理〇者も一応研究すべき問題である。（以下略）」

（一九四八年五月三〇日付）

こうした声がどれだけ広範なものであったかは判断できないが、旧町会の顔役によって非民主的に結成された、会費の強制徴収は納得できない、という意見は、「衛生会」存立の琴線にふれる批判であった。このことが後で命とりになるとは、関係者も気付いていなかったと思われる。

葛飾連合衛生会が結成された後も、各地の「衛生会」ではいざこざ、内紛が続いた。

○「吉田氏の紳士的譲歩に　金町衛生会団結成る　会長に広沢氏留任

景気と共に都内はもち論全国的にマン延、国民をして恐怖せしめた日本脳炎の発生は、占領軍の警告の如く衛生関係当局者の怠慢によることも事実であるが、かへりみて各町衛生会と言ふ組織体は何故に存在するのであろうか。徒《いたず》らに旧来の派バツ的系争に終始し、衛生本来の使命を逸脱忘却しているのではなかろうか。この意味からしても、積極的運動に町内は一致団結その目的にまい進すべきであろう。

区内衛生会のうち合流問題で一番難解であるとされた金町地区衛生会も時流の推移に目ざめ、先頃町内有志が率先、過この誤解をとき大同団結をなしたることは、と角円満なる意志の疎通を欠く各地区衛生会の以て範とすべきことである。

去る三月二七日、金町小学校において町内各支部理事五四名出席のもとに合流問題が討議されたが、役員人事問題で開会時より波らん満場、場内殺気立つうちに投票は行われ、その結果会長に広沢孝一氏、副会長小川茂、坂本忠治、長谷勇氏の三氏が推選され就任することになったが、開会時よりの対立派がこの人選を不服として退場し、その後吉田七五郎氏を会長とする金町三、四丁目衛生会が、黒岩武雄氏等の発起により発足した衛生会と相対立する結果となったが、六月二三日区役所講堂に開かれた葛飾連合衛生会発会式の際も両会相対立し、我こそ正式の会長なりと本家争いを生じたが、将来一本にまとまることを条件に両会より委員を選出したのであるが、その後衛生会合流問題もこれを契期としてトントン拍子に進み、一方吉田氏の紳士的な譲歩により両者の和解成り、七月一四日金町信用組合二階に両者の懇談会を催し、過去のいさかいはすべて水に流し、今後は町民一体となって衛生会本来の目的に全力を傾倒することとなり、役員として△会長広沢孝一氏　△副会長小川茂氏、坂本忠治氏、二方芳松氏、長谷勇氏　△顧問唐松平兵衛、吉田七五郎、山本輝治の三区議並に白井信男氏がそれぞれ就任した。（以下略）」

（一九四八年八月二二日付）

金町衛生会は新たな一歩を踏み出したが、役員人事への不満、感情的対立、派閥抗争などがくすぶっている。硬派の『葛飾新聞』時代よりは庶民的になった『葛飾自治新聞』だが、その記者が「かへりみて各町衛生会と言ふ組織は何故に存在するのであろうか。徒らに旧来の派バツ的系争に終始し、衛生本来の使命を逸脱忘却しているのではなかろうか」と、つい辛口批評したくなるほどだった。

葛飾連合衛生会の前途は多難が予想された。

ところが、こうした成行きを一撃のもとに粉砕してしまう記事が載る。

○「創立費三万四〇〇〇円　葛飾連合衛生会　解散葬会行わる

準備期間一年、難産を重ねた連合衛生会も漸《ようや》く六月二三日結成され、その際亀有地区選出の副会長問題未だ保留、金町衛生会吉田、広沢両氏の紳士交渉に去る一四日円満解決と、幾多の大小問題を招いたことは記憶新たなことであるが、その衛生会も去る一六日、連合軍最高司令部公衆衛生福祉部長サムス準将《(ママ)》よりの、ポツダム宣言発令に伴う勅令五四二号、町内会部落会、若《も》しくは連合体事務所の解散に関する件に該当するものであるとの解散命令に随《したが》い、さる二八日午後二時より葛飾小学校において、水越会長を議長とする理事会及び解散代議員総会が行われ、同会創立費三万三九〇〇円の内五〇〇〇円程度の不足をどうするか、解散後の徴収は不可能であると種々討議の結果、六、七月分会費完納次第埋るとの見解をとり、これを承認、午後四時より代議員会に入り、三谷衛生課長を司会に区長助役議長より解散理由弔辞の後、鈴木副会長の閉会に午後五時散会した」

（一九四八年九月五日付）

葛飾区連合衛生会は一九四八年六月二三日に結成され、GHQの「ポツダム宣言発令に伴う勅令五四二号、町内会部落会若は連合体事務所の解散に関する件」（一〇七ページ参照）に該当するとの命令により、一九四八年八月二八日解散した。

有無を言わせぬ権力の行使であった。これが〝占領下にあるということ〟の現実だった。

このことについて、GHQは次のように説明している。

「一九四七年後期の調査によって、衛生組合は、すべての区域で参加を強制する非民主的な組織であるだけでなく、パージされた役員（※公職追放）を強力に支持し、組合をその勢力挽回のために利用しようと企てる政治的組織として、急速に発展していることが明らかになった。これらの反動的活動は、地方衛生部からも支持され、公衆衛生の負担を住民に肩代わりさせ、財政問題を軽減しようとする動きにもつながった。また、政府の補助による疾患対策用の殺虫剤や殺鼠《さっそ》剤その他の資材を会員に販売するなど規則違反もみられた。これらの活動は、発展的で効果的なプログラムとはほど遠いものであり、県や市の衛生部がそれまで衛生組合に任されていた公的責務を引き受ける機関として創設されてきたこともあって、衛生組合は解散させられたのである(11)」

ＧＨＱは地域の「衛生会」に対して〝民主的に運営される非政治的なボランタリーな集団(12)〟であることを求めたが、旧町内会が持っていた反民主主義的な性格が色濃くなったと判断、さらに公衆衛生問題に対応できる組織（一九四七年九月保健法公布により各地に保健所が設置される）のメドが立った時、全国の「衛生会」は必要がなくなり潰されたのである。その数は「一九四七年二月末には、これらの組織は五万七六二〇を数え、会員は九八四万八五四五にのぼった(13)」。葛飾区の「衛生会」も五万七六二〇の一角をなしていた。

さて、初めは結成を許しておきながら、後で突然解散させるといった一連の動きを、衛生会当事者や葛飾区民はどう感じたであろうか。

関係者は、「葛飾連合衛生会発会式には東京軍政部からマニトフ婦人少佐が来て挨拶までしたというのに、急に解散命令が下るとは、なんということだ」――と驚き、当惑したことだろう。葛飾区民は、「衛生会のやり方が悪かったから潰されたのだろう」――と考えたことだろう。

しかしどちらも、なぜＧＨＱが町内会や隣組、同じ根を持つ「衛生会」をそれほどまでに目の敵《かたき》にするのか――アメリカはファシズムの根を絶つため、と考えている――という真意を理解するには至らなかったと思う。

かつて戦争中に町内会・隣組の構成メンバーとして「銃後」を守っていた日本人に、戦争に負けた後、軍国主義をみずからが支えたという自覚は乏しかった。国のためを思って尽くしはしたが、軍国主義だのファシズムだのという思想を礼賛《らいさん》した訳ではない、日本は戦争に負けはしたが、それはアメリカの物質的な豊かさ、強大な軍事力に太刀《たち》打ちできなかったということであって、日本の〝主義〟が負けたとは考えられない（なんとなれば、天皇は戦争前と同じように健在だ）――多くの日本人はそう感じていた。

だから、アメリカが日本や日本人に求めた民主主義というものを、理解し受け入れることは容易なことではなかったのである。

葛飾区の「衛生会」の活動は、苦い結末を迎えてしまった。けれども私は「衛生会」が小さな紛争を解決していこうとしたことこそ、戦後の民主主義体験の第一歩だったのではなかったか、と思う。戦争中であれば、不平や不満、反対意見などがあっても、表面化させずに強い力で押さえ込んで終わることが多かったであろう。

『葛飾自治新聞』の記者は、解散を報じる記事を極めて冷静な筆致で伝えた。しかし注意深く見ると、「解散葬会（総会）」「解散理由弔辞」という表現が使われており、一方的な命令に対して、そこに記者の憤りや無念さを込めたように思えてならない。

注

（1）アメリカはまた、日本の侵略戦争の原因は経済体制にあると分析し、「初期方針」や「基本的指令」のなかで経済民主化を重要な政策目標としていた。（『ＧＨＱ』）
（2）アメリカは日本国民に軍国主義的思想を宣伝したり植えつけたりした元凶としてマスメディアと教育を挙げており、それに対する改革も矢継ぎ早に行われた。（『ＧＨＱ』）
（3）『戦後改革と地域住民組織』。
（4）ＧＨＱは一九四五年一二月に神道指令を発して「政教分離」「信教の自由確立」を推し進めたが、地域の祭礼の寄付金を町内会や隣組などを通じて強制的に集めている、という指令違反が次々とＧＨＱに報告された。違反は住民がラジオやＧＨＱへの手紙・投書などによって告発して判明するケースが多かった（清水節「ＧＨＱ宗教政策の地域的展開と隣保組織」『地域と占領』）。
（5）現在では町内会をはじめとする隣保組織に関する研究も進んでおり、町内会をどう考えるか、さまざまな意見がある。中川剛は『町内会　日本人の自治感覚』のなかで、「占領軍総司令部は、町内会・隣組などの組織を、軍国主義を奉ずるイデオロギー団体であると見ていた。これはナイーブな誤解である。隣保団体自体はイデオロギーを持ちえないのだ。持てばそれ自体がこわれてしまう。信条を同じくする者の集まりではないからである」と述べている。
（6）衛生状況悪化の原因として考えられることは以下である。
戦後の食料不足――国民の体力低下、戦災者の疎開・出征兵士の復員・引揚者の帰国――伝染病の拡大、水道施設・廃棄物処理施設などの爆撃による損傷、等。
（7）伝染病として『ＧＨＱ日本占領史22　公衆衛生』に記載されているものは以下の通り。

チフス、百日咳、マラリア、急性灰白髄炎（ポリオ）、B型日本脳炎、天然痘、腸チフス、性病、コレラ、結核、ジフテリア。
（8）『GHQ日本占領史22　公衆衛生』。
（9）同右。
（10）しかし結果的に、GHQの残した数々の公衆衛生政策によって日本の衛生状況は格段に向上し、それらが現在の保健・衛生対策の基礎になっている。
（11）『GHQ日本占領史22　公衆衛生』。
（12）同右。
（13）同右。

参考文献

竹前栄治『GHQ』岩波書店、二〇〇七年。

『GHQ日本占領史22　公衆衛生』日本図書センター、一九九六年。

中川剛『町内会　日本人の自治感覚』中央公論社、一九八〇年。

石塚裕道、成田龍一『東京都の百年』山川出版社、一九八六年。

栗田尚弥編『地域と占領――首都とその周辺――』日本経済評論社、二〇〇七年。

吉原直樹『戦後改革と地域住民組織――占領下の都市町内会――』ミネルヴァ書房、一九八九年。

藤原彰ほか『昭和20年・1945年』小学館、一九九五年。

たくましく生きる

「太平洋戦争」は一九四一年一二月八日に日本がアメリカやイギリスに宣戦布告して始まり、一九四五年八月一五日に天皇がポツダム宣言受諾の詔書を読み上げて終わった。

しかし、日本の戦争状態は一九四一年一二月よりずっと以前から始まっていた。一九三一年九月一八日には満州事変（日本の関東軍が満州の武力占領計画を実行するため、中国奉天郊外柳条湖の満鉄線路を爆破。関東軍はこれを中国側の行為であるとして総攻撃を命令した）、一九三七年七月七日には盧溝《ろこう》橋《きょう》事件《じけん》（北京郊外盧溝橋で日中両軍の衝突）が起こり、これを発端に日中両国は激しい武力対立を繰り返していた。日本は中国に対して宣戦布告をせずに「事変」と呼んだが、これは「戦争」であった。そのため現在では、先の戦争を単に「太平洋戦争」といわずに「アジア・太平洋戦争」と呼んだり、中国との戦争を「日中一五年戦争」と呼んだりする研究者もある。

日本はずいぶん長い間戦争をしていたのだ。そしてその間にたくさんの人々が死んだ。一九三七年七月七日から一九四五年八月一五日までの日本人の死者は、次のように推計されている。

軍人　陸軍　一六四万七二〇〇人
　　　海軍　四七万三八〇〇人
民間人　　　八七万二九〇〇人
　　　計　　二九九万三九〇〇人

民間人死亡者八七万二九〇〇人のうち約二〇万人が満州開拓移民、約五〇万人が空襲被害者（全国）である。この五〇万人には広島原爆死者二六万人以上、長崎原爆死者七万人以上、東京の空襲被害者一二万人以上が含まれている。(1)

こうした膨大な犠牲を払って、戦争は終わった。

敗戦の時、日本人の気持ちはどんなものであったのだろうか。

『八月十五日の日記』には、一〇三人の大人の敗戦への感懐が集められている。

「○昭和二十年八月十四日、無条件降伏。
○八月十五日正午、陛下の御放送。
○たゞ泣いた。何も考へられず。（三好十郎、詩人・劇作家）」

「とてもとても筆にはつくしがたきくやしさ。やる方なく、アヽこれで万事休す。
（梨本宮《なしもとのみや》伊都子《いつこ》、皇族）」

「本日正午、いっさい決まる（※終戦のラジオ放送）恐懼《きょうく》の至りなり。ただ無念。（海野《うんの》十三《じゅうざ》、SF作家）」

「昼食中父ひょっこり帰り来り、今駅で陛下御自身の御放送に依る休戦の御詔勅を聞きたりという。事の意外なるに暫し呆然たり。（峠三吉、詩人）」

「あぁ、日本人にして、誰が今日を想像せし者ありや。無条件降伏、ポツダム宣言受諾。非憤の涙は若き血を揺り動かし、茫然たる我が身を叱咤す。ああ聖なる大日本帝国、今こそ真のどん底に落ち入れり。（守田新平、専門学校生）」

また『こどもたちの8月15日』には、三三人の子ども時代が語られている。

「大人たちは泣いている。正座したまま、肩をふるわせ、あるものは両手を地面につけて泣いている。その様子で察しがついた、戦争に負けたのだと。涙は出てこなかった。（山藤章二、マンガ家）」

「中学一年生には、そのあとはさっぱり理解できなかった。やや鼻にかかったようなカン高い声に、不思議なイントネーションがついていた。（中略）私は、戦争の勝ち負けばかりが気になり、祖父におそるおそるたずねた。「負けたんじゃ」祖父はは き捨てるようにいった。（山川静夫、アナウンサー）」

「四畳半の間の父は何も言わなかった。嗚咽《おえつ》しているようだった。少年の私には、「負けた」ということに対して、口惜《くちお》しいとか残念だとか、なぜか特別な感情は湧いてこなかった。（柳田邦男、ノンフィクション作家）」

「『みんな集まりなさい』と言うので、何事かと驚きながら、川原に整列しました。先生たちもそこにいました。寮母さんたちは、泣きながらこう言いました。『日本は戦争に負けました』ものすごいショックでした。泣いている者、負けたという事実が理解できずにただボウ然としている者……。（児玉清、俳優）」

「あの日、私は生家のラジオで『玉音放送』を聞いたはずだが、『玉音放送』自体のことも、その前後のアナウンサーの言葉なども、まったく覚えていない。（安丸良夫、歴史家）」

『アメリカ戦略爆撃調査団報告——敗戦直後の国民意識』（一九四七年六月）には、「日本が戦争に負けたと聞いた時、あなたはどう感じましたか」という質問に対する日本人の回答が以下のようにまとめてある。

後悔・悲嘆・残念　　三〇％
驚き・衝撃・困惑　　二三％
戦争が終り、苦しみも終りだという安堵感または幸福感　　二二％
占領下の扱いに対する危惧・心配　　一三％
幻滅・苦さ・空虚感、勝利のためにすべてを犠牲にしたが、すべて無駄だった　　一三％
恥ずかしさとそれに続く安心感、後悔しながらも受容、予想されたが国史上における汚点と感じる　　一〇％
予期していた、こうなることはわかっていたとの観念　　四％
天皇陛下のことが心配、天皇陛下に恥ずかしい、天皇陛下に申し訳ない　　四％
回答なし、またはその他の反応　　六％
（二つ以上回答した人もいたため一〇〇％以上となっている）[2]

年齢や性別、住んでいた場所などの違いによって戦争の体験、感情の有りようは一様ではない。しかし、「多くの日本人は敗戦直後、衝撃と悲嘆、幻滅、将来への不安感がいりまじった感情に支配されていた[3]」というのが、大方の日本人の心情であったろう。

一九四五年九月に連合軍が進駐、占領が始まると、東京の中心部（千代田区、中央区、港区など）にある主要な建物は占領軍に接収された。道路には英語の看板や標式が取り付けられ、銀座四丁目はタイムス・スクウェア、三越前はギンザ・ストリート、外濠通りはファイブ・ストリート、晴海通りはZアヴェニューと呼ばれるようになった。

街の風景を見れば、爆撃を受けた跡の残るビル、瓦礫の山、爆弾によって穴のあいた道路など、戦争の傷跡が生々しい。掘っ立て小屋や防空壕、廃バスの中で生活する人々もいる。食料を求めて闇市には人が群がり、満員の汽車には窓から乗込んで買出しに行く。多くの男たちが軍帽をそのまかぶっており、女たちは地味で粗末な着物を着ている。米兵のジープに群がる子ども、戦争孤児となって地下道で眠る子ども——。当時を写し出す写真からは、ゴミゴミしていてほこりっぽい、アナーキーな感じが伝わってくる(4)。

それが一九四八年頃になると、街のあちこちにあった瓦礫の山がなくなっている。焼け跡に新しいビルや、安普請の小さな家が建ち並んでいる。背広を着た男たちや洋服姿の女たちが増え、全体に人々の身なりが小ざっぱりとしてくる。雑踏のごとき闇市が、駅前のマーケットや道沿いにきまりよく並んだ露店になっている。写真は、〝世の中に少しずつ秩序が回復してきている〟〝戦争をしていない日常がもどってきている〟ことを物語っている。

葛飾区の戦後は、荒川を隔てた対岸の墨田区、江東区、台東区など、戦争被害の甚大だった地域と比べれば穏やかに始まった(5)。ところが一九四七年九月、カスリーン台風が区全域に大水害をもたらす。葛飾区の一九四八年は、そこからの復興が大きな課題となった年だった。

『葛飾自治新聞』から区民の暮らしのあれこれを拾い出してみると、葛飾区にも都市部と同じように〝戦争をしていない日常生活〟がもどり、日々をささやかに楽しむ娯楽が復活してきていることが分かる。生活の立て直しは着々と進んでいく。

○「人に埋る江戸川堤　各所に悲喜劇花見風景

四月一一日、その夜の雨に危ぶまれた第二日曜日、午後より晴れて今日は最後のお花見とばかり、都心はもち論各地より一日を楽しまんと怪しげなる天候ををかし、江戸川に集った観客約一〇万、京成柴又省線金町はごった返しの盛況、今年は酒類の自由販売でか、花より団子と一升ビンを御持参、どろんこぐるみの酔ひどれ紳士、娘を追回すサラリー氏、上気でオケさをうなる昔の花、これに負ずと唄ひ踊り狂うパーマネントで久方振りのお花見風景。大きな図体で桜樹に登り枝を折り下の娘に手渡す大馬鹿野郎、その下で泥まみれで半死の状態でねて居る中馬鹿、酒に浮かされけんかを売る大馬鹿、それを買薄馬鹿による大乱格闘も演ぜられ正に波乱万丈、畠は無残に踏荒され、桜を楽しむなら良いが、のまれている醜態は正に敗戦国の国民にはふさわしいが、平和国家再建には大した役に立ちそうもない奴……。日が西に傾く頃、こののまれた連中も冷たい風に目がさめたか、起きたが良いが転り転りフーラフーラ帰って行った。また駅に通ずる路上にはゴロリゴロリ転っている者も見られ気持の悪い事」

（一九四八年四月一八日付）

○「植木市盛況（青戸町）

第三日曜日（一八日）は朝から久し振りの好天気。スポーツ、演芸等各方面ともに大張り切り。疾神様《やくじん》（青戸町）の植木市は一五日が雨の為に一八日に持ち越しとなり、当日は恵まれた天気のおかげで朝から大にぎわひ。夏の様な陽気でキャンデー屋さんはホクホク、植木屋さんも水害のおかげで大繁昌、土手では三〇人余の太公望がズラリと並び一生懸命。境内には早くから演芸を見る人が、各自持参のムシロで凡そ一〇〇枚近く敷きつめられ歩行も出来ぬ有様。この人々の心知らずか演芸会主体の青年団の人々は、寄付金のはり紙に大童《おおわらわ》――。午後七時半ごろやっと幕が開く。松本源之助一座による喜劇二つ一場物二幕物及び舞踊越後獅子などがあり、八時頃は見物人で埋めつくされ、役者の科白《せりふ》も聴えぬ様なにぎわひで、午後一一時過ぎに幕を閉じた――」

（一九四八年四月二五日付）

○「明日は立石名物　喜多向観音祭

戦前は毎年初夏から秋にかけて立石名物の一つとして大へんにぎやかだった喜多向観音のエン日も、戦時中一時中止されていたが、昨秋立石商店会が昔通り毎月七の日に喜多向観音祭を行う様になったので、今年も去る七日からエン日が開かれた。今年は特にサンマータイム《(ママ)》の関係上、毎月七の日には夕食後のひと時を立石喜多向観音祭へと万余の人出が予想され、立石大通り両側はエン日でにぎやふ事だろう」

（一九四六年五月一六日付）

お花見に行って大騒ぎをしたり、復活した植木市や縁日に出かけてのんびりとひと時を過ごす。平穏な日常がかえってきた。

青戸の疾神様（中川大橋西詰、延命寺）、立石の縁日（バス通り）は、一九五〇年代中頃から一九六〇年代中頃（昭和三〇年代）にはますます盛んになり、大勢の人でにぎわった。延命寺の境内には植木屋はもとより、金魚屋、文化フライ、水アメ、綿アメ、ハッカパイプ、射的、ヨーヨーなどの屋台がぎっしりと並んで、子どもたちの心を沸き立たせたものである。立石の縁日も、夏の夜アセチレンガスの燈りに照らされた露店が延々と続いて、店をのぞきながらそぞろ歩きを楽しんだ覚えのある人も多いことだろう。

こうした地域の行事の他に、明るく楽しいイベントもいろいろと開催されている。

○「区長も交るダンスパーテー　ダンスでタンスを空けた人もある

インフレの高進も何のその、全国津々浦々に大流行のダンス熱、青春の夢あふるる若い男女ならずとも、一度覚えた味は忘れられないらしい。「何さ、いまどきタンゴの一つも踊れないで」……とばかり、ねこもしゃくしも浮れ出し、とにかく若い男女の鼻息は真にすさまじい限りである。おかげで都心のホールは連日超満員の大盛況、甘美なメロデーに繰り拡げるステップのかげの様々なうわさも又、子を持つ親にとってダンスよりタンスの一つもと、愚痴の出るのも至極ごもっともと推察される。

そんなこんなの取越苦労でもあるまいが、今度小菅町斎藤寅造氏を会長とする葛飾ダンスクラブなるものがタン生、その発会式を兼ねたパーテイが二七日午後一時より区役所大会議室に華やかに催された。この道では本職よりも名声サクサク？たる区長さん、いとも軽るやかにステップを踏まれ、この日集う男女多数無限の境地にトウ酔盛会であった。御参考までに、ダンス愛好者は金一〇〇円也を奉納すれば会員となれるそうです。本田梅田町三八島村繁方に……」

（一九四八年七月四日付）

○「クリスマスの夢に酔う　〝楽しい子供の集い〟

雪こそ降らぬが終戦後四度迎えたクリスマスも戦前に劣らぬ華やかさをとりもどし、都大通りには門松とクリスマスツリーが仲よく明暮の粧いをこらし、金詰りにあわたゞしい師走をよそにお祝い気分が満溢、〝メリークリスマス〟大人も子供も暫し夢の世界に心ウキウキ、胸はずませて美しく楽しい数々の行事にボウゼン（忘年）……区内でも旧臘《ろう》（※前の年の一二月）二七日午後零時から下千葉町国際親善倶楽部のホールで主催横田等舞踊研究会、後援区社会教育課、キングレコード会社により区内の良い子達を招いて〝楽しい子供の集い〟児童舞踊公演会が催された。

この日キング児童合唱団も応援に来演、同会の門下生数十名が日頃のお稽古の腕によりをかけてホール一杯に舞い踊り、なつかしの童謡見物の子供達の無心に口ずさむ歌声に、ラッキーカムカム、甘美なメロデーに陶酔する同ホールらしからぬ微笑ましい風景であった」

（一九四九年一月一日付）

葛飾区にもダンスクラブが創設されたことを報じる記事は、いかにもアメリカナイズされた戦後的明るさに満ちている。区役所会議室でのダンスパーティー、高橋佐久松区長の流麗なるステップは、いかがなものであったのだろう。葛飾ダンスクラブに集った面々がどのような人々であったのか興味深いところだが、万人向けのレジャーとはなりにくかったことだろう。

誰でもが気軽に楽しめ、いかにも葛飾的なイベントとしては「競馬」があった。

○「賑う花競馬

既報陸上小運搬亀有支部主催の青戸グランドにおける花競馬は、さる六日競馬日和の好天に恵まれ早朝より観衆約二万、各地より日頃の愛馬の実力をためさんものとくりこんだ○馬約五〇頭、キャンター（大○速歩）、力競べ等、約二二レースに分け熱戦が展開され、金町の小川氏、金町林氏、下千葉黒沢氏、亀有町鈴木氏、金町小崎氏、四ツ木町宮根氏等所有の愛馬がそれぞれ優勝、その他のレースでは千葉、埼玉、小岩、板橋、向島方面業者の愛馬が優勝した。馬場の不備などころより落馬、転馬も発生したが、負傷者もなくよく敢闘、本競馬にも類のない白熱戦が展開され、午後五時盛会りに散会した」　（一九四八年六月一三日付）

花競馬の催された青戸グランドは、現在の青戸平和公園である。天気のよい日曜日、競馬を見ようとつめかけた二万人もの人々が、次々と繰り広げられるレースに歓声をあげる様子が目に見えるようである。

また「『葛飾自治新聞』にはスポーツ関連の記事が多く載っており、区民の関心が高かったことを示している。お金をかけずに、誰もが手軽に楽しめるからだろう（七六ページ参照）。

記事タイトルをみると、野球、テニス、陸上競技、水上競技、剣道、柔道などの大会が区内各所で開催されている。剣道や柔道、弓道、薙刀《なぎなた》といった武道について、当初GHQは軍国主義の温床であるとみなして、学校やその付属施設を利用した武道活動を禁止（一九四五年一一月）していた。それが一九四八年に至って、徐々に解禁に向かっていることが読み取れる。

スポーツ以外の娯楽としては、映画と大衆演劇が人々に憩いのひと時を提供した。『葛飾自治新聞』の広告にある映画館は「立石富士館」(6)、「日立映画劇場」「高砂館」である。

○「明るい見よい感じよい。断然素敵の名画のみ　自家発電完備
東宝・松竹・大映・洋画・自由・選択・上映
日本ニュース　米国ニュース
松田商会直営　立石富士館　電話本田六七九番」
(一九四八年四月二五日付)

○「館内外大改造　セントラル系映画常設
お名残り興業(七月一五日昼夜)
キングレコード名コンビ　三門順子　樋口静雄
七月二〇日ヨリ開館　ジェームネ、(ママ)ギャグニイ主演
オクラホマ、キッド
亀有駅北口際　日立館改メ　日立映画劇場」
(一九四八年七月一一日付)

○「楽しいお家族連れ週間
平日〇時三〇分開館　夜最終回は七時五〇分ヨリ全部御覧になれます
二四日ヨリ　右門捕物帳　仁念寺奇談　嵐寛寿郎

東宝作品　馬車物語　エノケン・灰田勝彦・徳川夢声
（この強力二本立番組で普通料金）
三一日ヨリ　お待ち兼ねのターザン映画決定版愈々登場
ターザンの黄金
常磐電車線　米画唯一の封切場　亀有駅北口キワ　日立映劇」
（一九四八年八月二二日付）

○「七日より上映
瞼の母（片岡千恵蔵主演）
女医絹代先生（田中、佐分利主演）
常設映画館　高砂館　京成高砂駅前」
（一九四八年一二月五日付）

この時代、映画館では歌やお笑いの興業も行っている。これは元々演芸場だったものが、戦後の映画人気に押されて映画館に衣替えした名残りである。本格的な大衆演芸場としては立石駅前に「金剛劇場（金剛座）」[7]、四ッ木に「四ッ木平和劇場」[8]があった。

○「おなじみの金剛劇団公演中
七月一二日狂言替り（昼夜二部制）

昼の部（一時）大衆料金　二円九九銭
　現代劇　花嫁ＡＢＣ
　連続マゲモノ　捕物帳百万両のつぼ　第二篇
夜の部　奉仕料金　三〇《（ママ）》円
　大歌舞伎　吉野山（忠信道行）
　時代劇　おけさ桜
立石駅前　金剛仮設劇場」

（一九四八年七月一一日付）

○「葛飾の劇団　金剛劇団
阪東薪軍　市川栄升他若手大一座
　昼の部　御子様デー
　夜の部　六時開演
　　一、加賀美山旧錦絵全通し
　　お初　薪車　岩藤　栄升
　　二、義経千本桜四の切孤忠信
　　忠信　栄升、静御前　薪車
立石駅前　金剛座」

（一九四八年九月一二日付）

○「オール葛飾のど自慢大会
歌謡曲、俗曲、小唄、物真似、其の他どしどし御登場下さい。
（入賞者　景品進呈）
楽団　宮川一夫とミリオン
笑の王　大友凡太一座
二座合同公演　新作発表　　主催　立石バラの会
七月一二日、一三日両夜　　於　四ッ木平和劇場」
（一九四八年七月一一日付）

一九五〇年頃まではひとつの館で映画と芝居の両方を興行することもあったが、しだいに大衆演劇は下火になり、金剛座も一九五〇年には花比姿《はなびし》劇場に、四ッ木平和劇場も同年に四ッ木文化劇場と改称して、共に映画専門館となっていく。笑いと涙をさそうにしても、時代がかった芝居より外国映画や戦後の日本映画の方に、人々の気持ちは移っていったのである。
こうした記事や広告を読んでいくと、敗戦後の葛飾区民の暮らしぶりの一端がよく分かる。けれども次のような記事をあわせて読めば、のん気に楽しんでばかりいられない現実があったことが見えてくる。

○「都営住宅七八戸完成　未だ学校に三〇世帯
水害者用都営住宅が渋江引揚寮の隣に三二戸、金町公園に四六戸、計七八戸が葛飾区内に完成したので、当局は去る一五日から三日間希望者の申込を受けたが、その中には水害当時避難して未だに住居なく、厳寒を破れ校舎の教室でゴザにくるまりて漸く今日までしのんで来た本田小学校の一九世帯をはじめ、四ッ木、渋江の各学校等の三〇世帯が申込んでいる。

本田小学校では石塚義明、大山金也両氏が世話をしているが、同氏の語る処に依ると、今日から都営住宅使用の受付が始ったので、早速一六世帯申込みました。何分教室不足の折で申訳ありません。しかしこのまま都住宅も与えられない事になると、社会的にも思想的にも甚だ憂慮すべき事態が起るかもしれません。何分寒さのため教室の床の上にゴザでくるまって寝ている始末なので、避難以来今日まで二人の死亡者を出しました。みんな経済上恵まれていないので医者にもかかれない。ただ精神力で今日までがん張っているのです。当局も昨年二一世帯二〇〇円づつの見舞金があったきり、ほとんど忘れられておりますので、私達は立生会を組織し、少しでも収入の道を考えております」

（一九四八年三月二一日付）

○「貧困者に歳末の贈物……ララ物資……

戦火に荒れた国民を救いましょうと、米国民心からなる温い愛の贈物ララ物資は、当区にも四八梱が配布された。一点でも粗末にはできないと、区ではララ物資配分委員会を開き、教職員用として五梱、要救護者用として四三梱を割当、各民生館を通じて配布したが、いずれも一梱一〇〇点以上の衣料品が詰合され、歳末をひかえて贈られた人々は国境を越えた愛情に深く感動していた。いつものことながら、見れば誰しも欲しい品ばかり。関係者は慎重に取扱い、寄贈者の真心を汚さぬ様注意して頂きたいものである」

（一九四八年一二月二六日付）

水害に遭ってから半年が過ぎても、学校に避難したまま帰る家のない人がいる。ララ物資の恩恵に感謝する人もいる。食料事情も依然として悪く、本田小学校在籍者七〇四戸を調査したところ、買出しによる家庭三三三戸（四七・三％）、親戚の補給によるもの一四八戸（二一・〇％）、物々交換によるもの八五戸（一二・〇％）という結果になっている。(9)

さらに忘れてならないのは、〝戦争が終わっていない〟〝まだ戦後になっていない〟人々とその家族の存在である。

○「未復員　遺骨の未受領の届出

旧陸海軍人・軍属の内、未復員者の留守担当者、又は死亡公報はあったが官公署からまだ遺骨の伝達がない旧陸海軍人・軍属の遺族は、来る三月一日現在の状況を三月五日迄に区長に届出なければなりません。次に旧陸海軍人・軍属が来る三月二日以後内地以外の地域から引揚げた時は、その者は引揚後速かに区長まで届出ねばなりません。届出用紙は各出張所又は区役所民生課社会係にあります」

（一九四九年二月二〇日付）

○「復員引揚促進同盟結成

いまだソ連初め海外に抑留されている一般邦人及将兵は数十万を数え、終戦後五度の冬を迎えて厳寒にその安否が気づかわれているが、帰らぬ父、夫、吾が子を待つ留守家族の苦労は一通りではないものと察せられる。こうした未復員者の引揚促進については、政府及各種団体により目下全国運動が展開されているが、当区でも同運動を活発に推進する為、去る一日本田民生館に民生課係員、海外引揚互助会地区代表、民生委員、区議会厚生委員長等による引揚促進に関する懇談会が開かれ、未復員引揚促進運動、留守家族の援護強化、留守家族の相互扶助徹底等に就いて種々懇談したが、同目的達成のため、留守家族、海外引揚者互助会、区内各団体を糾合、葛飾区復員引揚促進連盟を結成することを申合せ散会した」

（一九四九年三月六日付）

○「区内未亡人慰安激励会開く

戦争未亡人、戦災未亡人、また生活保護を受けている未亡人、とすべてを含めて未亡人の数は葛飾区内だけで現在二〇〇〇余名の多きに上るとみられ、浮世の風にさらに冷く、インフレいよいよ昂進の折から、ますます苦しい日を生きていられるこれらの気の毒な人達に、苦しいでしょうがどうかもう一息がん張ってください、私達も出来る限りの援助をいたします、と葛飾婦人協会（会長山口敏子さん）では、そのうち特に乳幼児、学童を抱えて生活している未亡人達を招待、来る一一月一三日午後一時より区役所議場に於て、区内未亡人慰安激励の会を開催する」

（一九四八年一一月七日付）

戦争に行ったままの父、夫、あるいは息子たちは、死んでも遺骨がもどることの方が稀であった。

死亡公報が届いて後から遺骨を受け取りに行ったら、白木の箱の中には名前を書いた紙片が入っていただけ、というようなことばかりで、いつ、どこで、どのように戦死したのかも正確には分からない、ということも多かった。それゆえに、いつまでたっても〝生きて帰って来るかもしれない〟という希望が捨てられず、戦死を認めたくない心情を残した。

ソ連からの復員引揚予定者は区内に三〇三名（後に三〇六名）いたとされるが、家族は詳しい情報も得られぬまま帰りを待ちわびていた。このシベリア抑留について『朝日新聞』は「よみがえる抑留の記録」という記事の中で、「抑留生活は極寒、飢餓、重労働の三重苦といわれ」「厚生省はモンゴルを除く抑留者総数を約五六万一〇〇〇人、死者を約五万三〇〇〇人と推定するが、総数は六〇万以上、死者は六万人を超えるとの説もある」と書いている（二〇〇九年九月一〇日）。引揚げは一九四九年六月に再開され、一二月までに約一三〇万人（民間人・軍人合わせて）が帰還するが、約三一万六〇〇〇人は残留したままだった。

戦争によって夫を失った女性たちは、全国で戦没者未亡人三七万一四〇六人、戦災者未亡人一一万二一〇五人、引揚者未亡人八万二八九四人、合わせて五六万六四〇五人にのぼったとされる（一九四七年五月）。彼女らの暮らしについて「戦争未亡人と遺族会・未亡人会」は、「非軍事化と生活困窮者についての「無差別平等」を原則とする占領政策の下で、軍人遺家族に対する諸々の援護や戦災者に対する一定の保護が打ち切られ、戦後の激しいインフレ下で戦争未亡人の生活は困難を極めた」と指摘している(10)。

葛飾区内の二〇〇〇余名の未亡人たちも、苦しい生活を強いられていたことであろう。彼女たちについては、一九四九年の『葛飾新聞』(『葛飾自治新聞』改題)を読み進めるなかで詳述したい。

写真集のページを繰り、『葛飾自治新聞』と向き合っていると、一九四五年八月一五日から始まる日本の戦後史の光と影を見る思いがする。

花見や縁日、スポーツや映画、芝居を楽しむ人々の姿には、毎日の生活を楽しんでもいいんだ、という喜びがあふれている。戦争は終わったのだ、生命が危険にさらされる心配はなくなった、経済的には苦しくとも安心して生活できる、一生懸命暮らしを立て直そう――こうした前向きな明るさを感じることができる。

けれども私には、人々がおびただしい数の国民の死の上にやってきた平和を、おずおずと味わっているかのように感じられる。

今次の戦争での死者は冒頭にも示したが、軍人、民間人合わせて三〇〇万人以上にのぼっている。家族、親族のなかに戦争による死者がいない方が稀である、という程の総力戦であった。平和を手にするために払った代償は、あまりに大きかったのである。

一九四八年には、街から戦争の跡はみられなくなっても過ぎた戦争はまだまだリアルで、思い出になどなっていない。戦後の平和な毎日を、〝うれしいけれども辛くて悲しい〟〝体は元気に働いているが心は虚しい〟といった複雑な気持ちで生活する人も多かったであろう。戦争の苦しかったり悲しかったりする思い出がしだいに遠くなり、生活が豊かになる喜びを味わうようになるのは、まだしばらく先のことである。

注

（1）『昭和20年・1945年』。同書にはアジア諸国の戦争被害（死亡者）として、以下の数字が示されている。

中国	軍人	三八〇万人以上
	民間人	一八〇〇万人以上
フィリピン		一一一万一九三八人
仏印（現ベトナム）	餓死者	二〇〇万人

（2）『資料　日本現代史2』。

（3）『昭和20年・1945年』。

（4）『グラフィック・レポート　痛恨の昭和』『毎日グラフ　一億人の昭和五〇年史』『毎日ムック　戦後五〇年』『毎日グラフ別冊　戦後にっぽん　1サン写真新聞　昭和二一年』『図説　占領下の東京』等を参照。

（5）葛飾区の戦争被害（一九四四年一二月二七日～一九四五年八月一五日）は以下の通り（『増補　葛飾区史・下』）

人的被害	三一二人		建物被害	一二九三戸	
内訳	死亡	一二二人	内訳	全壊	一〇二戸
	重傷	五四人		半壊	一七七戸
	軽傷	一三五人		全焼	九五四戸
	行方不明	一人		半焼	六〇戸

（6）一九三二年（昭和七）立石に最初にできた映画館。昭和二〇年代までは芝居や浪曲の公演も行われた。その後立石日本館（一九五七年～一九七〇年）、立石中映劇場（一九七〇年～一九七五年）と変遷し、その跡地は一九七六年から立石一丁目児童遊園になった。

（7）金剛皮革工業が経営。一九三七年（昭和一二）開業。一九五〇年に花比姿劇場と改称（一九五六年まで）。実演と映画を交互に行っていた。その後立石ミリオン座（一九五六年～一九八六年）に。一九六五年に立石ミリオンアミューズメントセンターができて、ボーリング場などが併設された。現在ライオンズステーションプラザ立石が建つ。

（8）一九四六年創業。この劇場は当時人気のあった剣劇（チャンバラ）を上演する芝居小屋としてスタートしたが、一九五〇年に四ッ木文化劇場と改称して映画専門館となった。四ッ木にあった映画館中最後まで残り（一九六七年）、その後釣り堀に。現在グリーンパークマンションが建つ。

※注6～注8までは「映画館の栄枯盛衰」豊田啓孝（私家版）による。

（9）『葛飾自治新聞』一九四八年一一月一四日付「本田地域の文化水準　食生活は買出しが圧倒的」。

（10）北河賢三「戦争未亡人と遺族会・未亡人会」『植民地と戦争責任』。

参考文献

藤原彰ほか『昭和20年・1945年』小学館、一九九五年。

永六輔『八月十五日の日記』講談社、一九九五年。

岩波書店編集部『子どもたちの8月15日』岩波書店、二〇〇五年。

石川光陽『グラフィック・レポート　痛恨の昭和』岩波書店、一九八八年。

佐藤洋一『図説　占領下の東京』河出書房新社、二〇〇六年。

毎日新聞社『毎日グラフ　一億人の昭和五〇年史』一九七五年。

毎日新聞社『毎日ムック　戦後五〇年』一九九五年。

毎日新聞社『毎日グラフ別冊戦後にっぽん1　サン写真新聞昭和二一年』一九八九年。

東京都葛飾区『増補　葛飾区史・下』一九八五年。

早川紀代『植民地と戦争責任』吉川弘文館、二〇〇五年。

粟屋憲太郎『資料　日本現代史2』大月書店、一九八四年。

昭和二三年的事件・犯罪

敗戦直後、日本の社会は大混乱に陥り、大きな事件や犯罪が多発した。年表に載っている有名な事件や犯罪としては、以下のようなものがある。（一九四六年〜一九四八年）。

一九四六年三月　歌舞伎俳優片岡仁左衛門一家五人、食べ物の恨みで同居人に惨殺される

五月　食糧メーデーに二五万人参加。この集会の際、プラカードに「国体はゴジされた　朕《ちん》はタラフク食ってるぞ　ナンジ人民飢えて死ね　ギョメイギョジ」とかかげた者が不敬罪で起訴された（のち免訴）

一九四七年七月　高木正得元子爵（三笠宮妃の父）窮乏から自殺、華族の没落として話題

一〇月　東京地裁の山口良忠判事、闇物資を拒否し栄養失調で死亡

一九四八年一月　帝銀事件……豊島区長崎の帝国銀行椎名町支店に東京都衛生課員と名乗る男が現れ、行員一二名を毒殺。現金を強奪して逃走

このように書出してみると、当時の事件や犯罪の多くが〝食うに困って〟という事情を背景に発生している。満足に食べることができない世の中は、あまたの犯罪を誘発した。

こうした無政府的ともいえる社会の犯罪状況については、次のような説明がされている。

「(昭和)二〇年の末ごろから翌年初頭にかけて、大都市では大小の強盗団が横行し、闇市は公認状態となり、路上でのかっぱらいや窃盗、すり、詐欺などは日常茶飯事、そして「秩序なき社会は各個人、各家庭ごとの弱肉強食の世界となった」(赤澤史朗)。そしてこうした無警察状態の到来とともに、明治以来警察を国民支配の要《かなめ》としてきた国家の威信は地に墜ちていったのである(1)」

「この年(一九四八年)はまた、「大強窃盗団」の横行が目立った。(昭和)二三年の刑法犯認知件数のうち八七・七パーセントが強窃盗事件で占めた。しかも犯罪者の大部分は初犯で、指紋から犯人割り出しはおよそ不可能だった。だれもがヤミ屋になり、そしてある日を境に強盗、窃盗犯人に早変わりしても不思議ではない時代だった(2)」

「強盗、窃盗、盗品売買は戦前よりもかなり増加した。一九三四年には強盗で二一二六名が、窃盗で七二万四九八六名が逮捕されているが、一九四六年から四九年までの年間平均逮捕件数は、強盗が九四八五名、窃盗が一一七万七一八四名であった。青少年犯罪は劇的に増加したと思われ、一九四九年四月、全国で殺人、婦女暴行、強盗、恐喝、放火といった重要犯罪は二分間に一回発生しており、そのおよそ半分が八歳から二五歳までの青少年によると報道された(3)」

先の『敗北を抱きしめて』の著者ジョン・ダワーは、「未曾有の混乱のなかで、日本に独特の人種的・文化的な「和」だとか、社会の「家族」的団結だとかいったお説教は、すべて中味がなかったことがあきらかになった」と、皮肉めかして書いているが、犯罪者となることへのハードルが、きわめて低い時代だった。

そしてまた、この占領の時代に忘れてならないのは、占領軍兵士によって引起こされた犯罪の数々である。

降伏後しばらくの間、日本の各地ではさまざまな流言《りゅうげん》蜚語《ひご》が飛びかった。

「東京ニハ既ニ米兵二〇万ガ上陸シタ。上陸シタ米兵ハ日本婦人ヲ妾ニシタソウダ」

「敗因ハ軍閥ガ自ラヲ省ミズ悪イ施策ヲ採ッタカラダ。コレカラハ青イ目玉ガ上陸シ日本ノ婦女子ニ暴行スルコトハ必定ダ」

「宮城デ四ヶ国ガ連合旗ヲ立テ乱痴気騒ギヲシタリ、高層建築物ハ「ダンスホール」代用トシテ若イ婦女史ヲ散々弄ブダラウ」

「横浜デハ米兵ガ進駐スルト云フノデ娘ヤ食糧ヲ隠スノニ大童ダ(4)」

このような言説が各地で発生したのは、日本の軍隊が侵略地で行った非道な行為の生々しい記憶が反復してよみがえり、国民を恐怖に陥れたため、と考えられている。

日本政府はこうした流言が蔓延するより先、一九四五年八月一八日には占領軍専用の性的慰安施設、飲食施設、娯楽場の設置を求める通牒を各県に通達し、さらに警視庁の肝入りでRAA（特殊慰安施設協会）を設立した。RAAは占領されることによって起こるであろう「貞操の危機」から国民を守るため、「性の防波堤」とすることを目的としていた。東京大井鈴ヶ森の料亭小町園が性的慰安所第一号として営業を始めたのは、一九四五年八月二七日のことである。その後東京には福生や調布、立川などに一〇か所、横浜、京都、大阪などの都市にも次々と同様の施設が作られた。

しかしこうした慰安所を設置したにもかかわらず、流言が案じたように占領軍兵士による暴行事件は続発した。

「ある計算によると、日本人女性にたいする強姦・暴行はRAAが存在していた期間では一日に約四〇件、一九四六年初めにRAAが閉鎖されて以降は一日平均三三〇件であったという[5]」

「占領軍兵士の暴行事件の実数は明かではないが、いくつかの資料が残されている。例えば、終連事務局のタイピストがつくったリストによると、占領軍上陸から一〇月までに横浜市警察から事務局に届け出があった事件のうち、占領軍兵士が起した事件は九五七件、そのうち強姦事件は一一九件だった。届け出のなかった事件は、この数倍にのぼると思われる[6]」

日本を占領した兵士たちは、にこにこと人なつこい笑顔を見せる者もいたが、戦勝国兵らしい横暴さで強盗をはたらく者も多かった。

「夜の外出は控えよう　ふえた米兵の強奪非行

連合軍の本土進駐以来、警視庁に届け出のあった事件は、（八月）三〇日一件、三一日八件、（九月）一日八件、二日三件、三日四件、四日一件、五日三件、六日五件、七日一五件、八日一二件、九日二三件、一〇日四六件、一一日一二件、一二日八件となり漸《ぜん》増の傾向をみせている」（『読売報知新聞』一九四五年九月一四日）(7)

『日本の百年9　廃墟の中から』にある「占領被害者の分布」一覧表によれば、全国で死亡した者は二五三六人、障害を負った者は三〇一二人、計五五四八人とある（一九五八年九月三〇日現在、強姦などは含まない）。また同書の「見舞金はどのくらい支払われたか」の表によれば、死亡見舞金は四三三九件、障害見舞金は一五八四件、療養見舞金は四〇七五件が支払われている（一九四六年～一九五三年、強姦件数は含まない）。

戦争によって兵士たちの心と体に染みついた暴力性は、容易には鎮まらなかった。こうした占領軍兵士による犯罪の被害者が実際はどれほどいたのかは、明らかでない(8)。

新聞やラジオは占領直後には米兵による事件報道も多少は行ったが、GHQによる検閲が始まると、米兵の暴行事件や日本人が占領軍将兵に対して怨恨や不満を抱くような記事は全てカットされた(9)。そしてそれは検閲がなくなったあと（一九四七年一〇月二四日～）も自主規制という形で続き、一九五二年四月二八日にGHQが廃止されて、ようやくプレスコードから自由になった。

二〇一四年の現在から敗戦後の数年間に思いを巡らす時、戦争に負けた国の悲哀は犯罪のなかに顕在化する、と分かる。いつの時代の、どこの国の、どんな民族の戦争であっても、きっと負けた側では同じようなことが繰り返されてきたのであろう、と思う。

さて、東京の中心地からは少しばかり離れた葛飾区だが、一九四八年にはどのような犯罪や事件が発生していたのであろうか。

葛飾区も時代の風潮さながらに、窃盗事件（他人の金銭や品物をこっそり盗む）、強盗事件（暴行・脅迫して財物を奪う）が多発している。盗まれる品物はいろいろである。

○「密造団検挙

去る四日午後二時、本田警察署経済係前沢巡査部長、五十嵐、中茎巡査の一行は木根川町×××番地木原○平方の密造団本拠を急襲、醸造器材及び醸造中の濁酒二石樽二本、四斗樽五本を検挙押収した。検挙の発端は同日同署渋江派出所前を四斗樽一〇本を積載した車を立番の滕乗巡査が不審に思ひ点検したところ、意外にも中味は濁酒であるので、早速その出所を追及したところ、前記の場所に大掛りの密造場のあることを確め、今回の検挙となったものである。同所には去る五月頃より金町三丁目××××番地李南海（二七）小林進（四二）が借りうけ共謀の上、濁酒の密造を行っていたものであるが、天運尽き美酒を飲まずしてわづか一ヶ月足らずの中に御用となったのである」

（一九四八年六月一三日付）

○「せんべい屋　パクらる

亀有署経済係では六月五日主食加工品一斉取締りに際し、兼ねて探知中の小谷野町×××東荘内吉田一雄（二四）経営の下千葉町×××小谷清三方センベイ工場にて製造中のセンベイ一万枚、原料の米粉二斗を差押へた。同人は昨年暮頃より同所でセンベイ製造を初め《（ママ）》、一日一斗余りの米粉をつぶし区内一円にわたって販売されるセンベイの大もとであった」

（一九四八年六月二七日付）

○「窃盗犯人続々検挙（本田署）

タイヤ泥

◇奥戸町日本建鉄中川工場倉庫内に在庫中の自動車タイヤ二本が何物かにより窃取されているのを発見、本田署加藤（多）黒川両刑事により捜査中、奥戸本町×××ガラス工村中松二方に前記の品物らしきものがイントクしてあるらしいとの聞込により、取調べの結果盗難品であることが判明、犯人奥戸本町×××川口年蔵（二二）、本田若宮町××井口和利（二一）の両名を逮捕したが、両名は前記工場内荒井組に勤務する人夫で、六月五、一一の両日に亘り盗み出し、三万四〇〇〇円で売却したものであった。

石鹸泥棒

◇七月一日午後九時、本田若宮町××洗剤製造業松本繁雄さん工場をこぢあけて侵入、製造中の石ケン（ラッキー印）二二〇〇個（時価六万六千円）を窃取した犯人については、石ケンのアワの様に消え失せると思ひの外、本田署の名探てい阿部、上原、始関の三刑事により七月八日一時頃墨田区吾嬬西町附近道路にて、犯人住所不定村吉幸一（一九）を逮捕した。

ウイスキー泥

◇去る六月二九日午後九時頃、本田立石町×××酒類配給商飯沼久治さんの庭より侵入窓硝子を破って忍び込み、ろう下にあったサイダー、ウイスキー四四本（価格二万四千円）を盗んだ犯人として、住所不定（本籍地千葉県）田沢健太（五四）を本田署加藤刑事により逮捕された」

（一九四八年七月一八日付）

○「毛糸ドロスピード検挙　リヤカーの跡より足

去る二七日午前一時ごろ青戸町四丁目×××織物業星野織之助さん倉庫を破ってどろ棒が忍びこみ、保管中の毛糸大糸ロース外六一九点、時価五〇万円が窃取されているのを翌朝家人が発見、同町巡査駐在所に届出た。同所今関巡査が現場を調査したところ、リヤカーの跡があるので不審に思って跡をたどって行くと、と中からホウキで消してあるのでいよいよ怪しいとにらみ、掃除の主青戸四丁目×××ブローカー島田正彦（三四）の家宅を捜査の結果、押入と床下より盗品を発見、同人の帰宅を待ち受け追及の上、犯人を逮捕した。この大どろ棒は島田方に徒食する、住所不定無職近藤昭雄（二一）通称春雄（三〇）――逃亡中の両名が一仕事タクラミ、島田がソソのかしたものだが、事件発生後十数時間のスピード検挙」

（一九四八年八一五日付）

○「油盗んで石鹸製造　工員の集団アルバイト？

うなぎ昇りの物価高にアイぎ（ママ）、何処《どこ》も彼処《かしこ》もいわゆるアルバイトの職さがしに浮身をやつしている折柄、これはこれは恐れ入った工員集団アルバイト？
小菅町六三五ミヨシ化学工業綾瀬工場の工員さん達は、夜間を利用してはお手のものの工場の魚油、ヤシ油、硬化油をゴマかしては石けんを製造、これをヤミ商人に売却していたが、この近隣に流れ出る石けんこう水に、これはあやしいとにらんだ亀有署の横山手島の両刑事、よくよく探索の結果、同所工員埼玉県北足立郡興野町、谷口勝治及び千葉県千葉市〇戸町二一××上川賢一の両名を任意出頭の上調べた処、同工場工員三〇名が各職場でヤミ石けん製造をしていたことが判明した。なおこの中、田中明その他二、三名のごときは、この利益で堂々たる住宅並に家財道具を新調していることが判り、係官も口《くち》アングリ」

（一九四八年九月一二日付）

他にも次のようなものが盗まれている。（〈　〉内は盗まれた品物）

「酒盛強盗　メリヤスドロ　スピード検挙（本田）」〈現金、衣類、メリヤス生地〉（一九四八年四月四日付）

「自転車泥」（同六月一三日付）

「稀代の大泥棒捕わる　立石の土蔵破り（本田）」〈印半てん、衣類〉（同六月二七日付）

「革ドロ棒に御用」〈牛革、自転車〉（同七月四日付）

「公団員宿直を利用　米泥棒自宅に持ち帰り中　亀有署に御用」（同七月一一日付）

「オシャレの空巣捕る」〈オーバー、ラジオ、現金〉（同七月一一日付）

「台風圏の強盗　主人の帰宅を待って侵入」〈現金、衣類、洋がさ〉（同九月二六日付）

「走る列車　停る貨車から鉄道職員の抜取り　役得で味を占む？」〈米、水アメ〉（一九四九年三月六日付）

盗まれた品々をみると、現在からは考えられないようなものも多い。いつの時代にも泥棒はおり、換金価値の高いものを盗む。現代の泥棒ならば、盗み出すものは現金、貴金属、カード、情報といった類のものであろう。一九四八年の盗品からは、この時代に何が価値あるものであったのかがよく分かる。

また葛飾区でも、強窃盗団や青少年窃盗団が物騒な事件を起こしている。

○「強盗犯スピード捕物帳　亀有、本田両署で綴る

諸事物そうな世の姿を反映して、きり盗り強盗がひん繁に横行、お陰で各署捜査陣は寧日大繁昌しているのもあまりうれしいことではないが、亀有、本田両署の強盗犯スピード検挙競走

亀有署

さる五日午前三時ごろ、小菅町×××ラヂオ修理業山村政次（二六）さん宅の台所より侵入したチンピラ三人組、各人手拭で覆面してこん棒を携えて「命が欲しけりゃ金を出せ」と、お定まりの脅文句で現金一五六円を強奪して表口から急○退散したが、落ち着いた山村さんがこの強盗の跡をつけ、追いついてすったもんだの問答中、折よく通りかかった下千葉巡査派出所の小林正

直、染野景一の両巡査が逮捕したが、犯人はなんと山村さんの隣りの息子、同町×××谷川昭太（一八）初め《（ママ）》同町×××池田常吉（二三）、小谷野町××若林明郎（一七）のいずれも顔なぢみには山村さんもアゼンとしていた。「強盗を捕えてみれば顔なぢみ」なぞと誉めた話しではないが、この三人この日の夜勤料割カンでわずか五二円とはイヤハヤ

本田署

さる七日午後八時ごろ、木根川町×××橋本正太郎（五七）さんがでい酔して、四ッ木駅で「おれの行先はどこだ」と駅員をへコましていると、側にいた二人連の男が、「お前の行先は四ッ木だよ」とからかい、橋本さんが「四ッ木位は知っている」といった言葉が気にくはないと、二人でさんざんオウ打した揚句、同人の胴巻からガマ口（現金三四五円入）を奪って逃走、報告に接した本田署の広田主任、始関刑事がヂープで現場に急行して犯人の逃走経路を推測して、立石マーケット駅前出口で逮捕。犯人は本田立石町×××露天商林田順（二七）、無職安藤三夫（一八）の両名だが、この間わづか二〇分、小菅組も四ッ木組もいづれもあの有名な小菅アパートに入所の栄《はえ》？を担うであろう」

（一九四八年一〇月一七日付）

○「犯罪四八時間　殺人強盗　本田署厄日

物価が上れば犯罪は増える。今年やどろ棒の当り年でもあるまいが、凶悪犯連続する本田署はこのところ文字通りやく日つづき。

――一五日――

月下の殺人未遂

午後六時半ころ、京成堀切駅上りホームで小菅町×××材木商金島弘雄こと金三海（四六）さんと、小谷野町×××玉ころがし屋橋本深治こと方順和（五八）が電車を待ち合せながら雑談中、突然橋本が、「おれの商売を邪魔する奴はねむらしてやる」といきなり風ろ敷包に隠しもった赤さやの小刀を抜きはなち、金島さんの背部より腹部にかけて刺傷、ひん死の重傷を負わせたが韓居団の急報により本田署より捜査主任等が現場に急行、加害者を逮捕すると共に、被害者を救急車に依り立石町小方病院に収ようしたが絶めい。折から当夜は十三夜の月光に鮮血に彩られた現場はセイ惨なる機想を呈し、鉄路のみが不気味に映えていた。

宵の強盗

午後八時ころ宝木塚町×××上野駅新聞売子井川良治（三七）さんが商売を終え帰宅して、丁度来合せた文京区千駄木一九八工事人島村登（四二）さんと水道工事について用談中、玄関より侵入した覆面の怪漢五人組が短刀をかざして、『おれはノガミ（※上野）の者だ、知っているだろう、金を出せ』と脅迫、島村さんをなぐりつけて赤革カバン、現金一一八〇円を強奪、井川さんの悲鳴にソウコウとしてとん走したが、折よく同地を通りかかった浅草署員秋山巡査が、三人連の男を不審尋問中『強盗々々』と連こしているのを聞き、直によう疑者として逮捕したが一名は逃走、緊急手配によりはせつけた本田署員に引渡した。よう疑者とみられる住所不定香村清烈こと金清烈（二七）、住所不定花村英秀こと李英秀（二六）の両名とも帝銀事件で疑えたが、アリバイを主張して犯行を否認しているが、所持していた七つ道具？はナントいう。

居直り強盗（略）

立石花街の捕物

一七日午後五時ごろ本田署にとびこんできた青年、『ピストルをもった強盗団が犯行を計画して立石新地に集合します』と知らせてきた。『またも今宵』と待機していた捜査の猛者連、事情調査もそこそこ一目散立石新地の花街に張込中、そうとは露知らぬ強盗君、仕事にかかる前に先づはスケの顔でもとノコノコ出てきたのを難なく逮捕した。一味は首カイ住所不定川田安夫(三〇)、住所不定小山平太（二〇）、本田立石町×××川又藤雄の三名で、日ごろ目星をつけておいた本田渋江町六一六セルロイド輸出製造業小林大八（通称大八工場）さん方に、同夜一〇時ごろけん銃をもって押入ろうと計画、二、三日前より小山と顔見知りの小林さん隣家の某君に何食わぬ顔で小林さん宅のようすをうかがわせ、同夜はその見張りをしろと脅したが、いくらなんでも強盗の片棒はチトまずいと考えた某君、その足で本田署に報告に及んだものであった」

（一九四八年一〇月二四日付）

○「綿布狙う拳銃強盗団　ＭＰと車上で射合《うちあ》い

歳末ともなれば金詰りの世相を反映して凶悪犯の横行が憂慮されているが、警視庁では管下各署々員を動員、年末警戒を厳にしている。しかしこの厳戒を侵して不敵の怪盗は出没する。去る一二日午前二時半頃、奥戸橋際中川河畔の都内屈指の染色工場として輸出用布地の加工工場本田原町三宮本染色工業株式会社（責任者宮本重信（六二）氏）に、大型自動車で乗りつけた十数名の強盗団が拳銃で守衛を脅迫、国有綿布五〇二反を奪い逃走中ＭＰに発見されるや拳銃を発射して行方をくらました大胆不敵の強盗団……

一二日午前二時半頃、同工場守衛所の盗難防止非常ベルが鳴るので、宿直の守衛谷森次郎吉（五〇）さん、田中福次（四九）さんがスワ泥棒と裏側非常口方面を警戒して一廻りしたが何事もないので戻りかけると、コンクリートのヘイに淡い月光をうけてボンヤリ人影が浮んだ。「誰だ」と誰何《すいか》しながら（※「だれか」と声をかけて問う）近寄ると、無言のまゝ拳銃、日本刀をかざした八名の怪漢が躍り出で、「騒ぐと殺すぞ」と脅かして両名を傍の石炭置場に組伏せた。「こ奴太っているから谷森だろう」と、両名の宿直を知っているらしかった。二人は拳銃の台尻でしたたか撲られ、縛って車庫のダットサンの中に押し込められてしまった。

この時すでに他の四、五名の賊は整理工場の錠を破って、染色加工を終った完成綿布をてんでに担いだり梱包をころがして裏側道路に悠々運び出していたが、黒色四〇反包み二梱、カーキ色七〇反、黒色三五二反を奪い、一仕事終った賊は同工場の自転車を馳《はせ》って十三間道路方面に待機させてあった大型トラックを呼び盗品を積載、御丁寧にも両名を車庫の柱に縛り直してシートを覆せて同三時半頃、暗夜の街を何処ともなく逃走した。

ＭＰに捕わる

同夜午前四時頃、深川一丁目先をフルスピードで疾走中の大型トラックを巡羅中のＭＰが発見、怪しいとにらみ停車を命じたが応じないので、ジープで急迫して威かく射撃すると、ピストルを発射しながら自動車を捨てて暗闇にまぎれて一味は逃走したが、逃げおくれた運転手横浜市南区垣田町森山和也（二四）を逮捕した。通報により宮本工場を襲った一味と判明、盗品は全部取押えた」

（一九四八年一二月一九日付）

○「益々ふえる少年犯罪　少、中学生の集団窃盗

ことの起りは最近某校周辺の菓子屋、本屋、文具店に頻々《ひんぴん》として児童による盗難が多いという風評により、本田署少年係で内偵中であったが、先月中頃某小学校児童を検挙して取調べると、その自供によってつぎからつぎえ（ママ）と数十名に及ぶ共犯者が現はれた。中でも悪質とみられるのは某小学校児童六名、某中学校生徒二七名で、それぞれ父兄を呼び厳重説諭の上引渡した。

彼等は登校時及び放課後の帰り途を利用して学校附近の前記店に立寄り、ベイゴマ、玩具、アメ、漫画本等を手あたり次第かっぱらい万引を常習としていたもので、中学生某の如きは友人数名と「どろぼうグループ」をつくり、停電を利用して菓子箱ごとごっそりかつぎ出すなど、一人で数十件も重ねた強心臓の児童もある。特に最近ではこれに自信?を得た連中は、都内の盛り場に進出して稼いでいたという。これ等の児童の犯罪の動機をみると、家貧しきが故に遊び相手がないので、遊びたい一心からベイゴマ、アメを盗んだという小学校三年生某の如き気の毒な子を除いて、他はさして生活に困窮している家庭とは思われない。「警察に呼ばれて初めてこの事実を知りました」という親達の愚さもなげかわしいが、こうした親の無放任主義の及ぼす結果を考えると、寒心に堪えないものがあると同署少年主任も子供よりも親達の注意を促している」

（一九四八年一二月二六日付）

こっそりと濁酒を作る、盗んだ油で石けんを作って闇商人に売る、刑事がジープで現場に急行する、拳銃強盗団がMPと撃ち合う――まるで古びたドラマの情景を見るかのようである。

『葛飾自治新聞』の犯罪報道がそう感じさせるのは事件の内容の特異さもさることながら、記事の文体が〝読み物風〟にアレンジされていることが大きい。「さてはこ奴怪しいと追及してみると」「そうとは露知らぬ強盗君」「いささかも悪びれた風もなく」「十三夜の月光の鮮血に彩られた現場はせい惨なる機想を呈し」といった表現は、現代の新聞では許されないだろう。さらに次のような記事に至っては現代のワイドショー的色合いも加わり、よりドラマチックなストーリーになっている。

○「呑み違えた自由主義　またも服毒自殺未遂

二三日午後四時頃、四ッ木町××番地村田美代子（二〇）さんは猫いらずカルチモンを飲み服毒自殺を図ったが、死に切れず苦もん中を発見、手当の結果幸ひ一命はとりとめた。うら若い彼女が、何故にこうして死出への途を選んだのであらうか。ここにも現代世想の一端がうかがはれる。自由にあこがれるままに節操を忘れた女性の末路は、すべてあわれである。この種悲劇は何によって生れるか、良識ある女性諸君の明日への参考としたい。

問題の人美代子さんは父泰造さんと姉が横浜に慰安所を経営し、父の情婦松田うめさんと生活している。ところが日ごろ、この「うめ」さんを間に姉妹お互いに言い争いが絶えず、とかくその仲は円満ではなかった。ある日姉の悪口のことから言い争いになり、うめさんより強いしっせきを受けたことにより、虚栄心の高い彼女、家出をしてしまった。無分別な家出娘の落ちゆく先は、お定りの女給か業がもっとも容易である。こうして彼女は目黒の某飲屋の女給として住込んだのである。

紅燈紫雲の陰に見果てぬ夢を重ねているうち、自称東洋電機の社長小宮某と関係を結ぶ様になり、果てはアパートの一室を借りうけ愛欲の生活を続けるに至った。（中略）。

こうした生活を知った親達は別れ話しの末三ヶ月ぶりにわが家に連れもどしたのであったが、悲劇の種はすでに宿っていた。別れ話しの際、若し妊娠していたら手切金を要求する腹であったが、彼女も気づかずそのまま帰宅したのであったが、意外にも彼女はすでに妊娠三ヶ月の体となっている。

こうしたことより過去の放縦な愛欲生活の末、失恋と後悔の上現在の境遇に堪え切れず、苦悩の果逆上し、服毒死によって社会の男性に対する認識を喚起したのであった。このことは一人美代子さんの不幸のみではなく、自由主義にあこがれる多くの女性の大いに反省すべき問題であろう」

（一九四八年五月三〇日付）

○「邪恋に狂う刃《やいば》　教員無理心中を図る

高潔な人格者として児童より絶対の信頼をうける教師も、いわゆる杉並キャンプ事件という一部不良教員の出現に、清純な童心に一まつの暗影をもたらしている折柄、またまた教員同士による心中未遂事件が発生、児童教育をたくする教師に対して、社会各層より厳密な批判が下されている。およそこのような教員のプライドを失ひ、無軌道な邪悪にくるい凶刃をふるった先生は、本田淡ノ須町×××（台東区谷中小学校教官）大野多恵（三二）、同校野島初男（二六）と申されるご仁で。

暑さに心のタガもユルみ、開放的な夏の夜はとかく性的犯罪がつくられる。凶行の前夜（一〇日）、主人の大野国松（会社守衛）が当直で不在中なのに拘らず、夜更けになるも電燈はコウコウとして輝き、見慣れぬ若い男の姿と共にヒソヒソ語り声に近隣の人々も不審を抱き、女の一人ねに何事もなければよいがと、不安なうちに夜はあけた。

翌朝多恵さんのケタタましい悲鳴に近隣の肝を冷させた。この朝八時ころ、共同水道でせんたく中の同番地野口三郎さんに、ハダシで飛びだし浴衣を紅に染めて多恵さんが救ひをもとめた。興奮と傷の痛みにアイギ《ママ》ながら、道ならぬ恋人に無理心中を迫られ驚いてナイフをもぎとりとびだしたと語り、介抱もソコソコ青戸駅前交番に訴へ出た。急報に駆けつけた本田署が臨検すると、別のナイフでけい部胸部をつきさし台所に野島がこん倒しており、直ちに本田立石町小方外科病院に収容手当中であるが、多恵さんは左乳部腕部に全治一ヶ月の刺傷、野島は全治二ヶ月で生命に別条はない。

神聖なる教壇にたつ身として何故このような凶行を演じたのであるか、両名は堅く口を閉して真相を語ろうとはしないが、多恵さんは女子師範二部を卒業、谷中小学校に奉職していたが、前夫は戦死し未亡人生活に空虚な日を送るうち、偶々二一年二月転任してきた野島が同学年をうけもつことになり、多恵さんに対する同情が恋となり、すべてを許し合う仲となり、多恵さんが本年二月前夫の実弟の国松さんと結婚してからも、国松さんの当直の留守を利用しては人目をしのんで恋の三昧境にトウスイしていたが、最近多恵さんが妊娠五ヶ月の身重となり、人妻としての理性に目ざめ急に冷酷になったのを恨んでの凶行とみられる」
（一九四八年八月二一日付）

事件や犯罪といったニュース素材は、もともと読者の感情を刺激するような物語性を持っている。人間の愚かさ、浅ましさ、欲深さ、悲惨さなどから生まれる犯罪や甚大な災害の報道などは、新聞が明治時代に誕生して以来、ずっと庶民の関心を集めてきた。そして新聞の社会面は、読者の嗜好に合わせた、事実を報道しつつ事件の物語性を強調する書きぶりが長い間支持された。ところが戦争が激しくなるにつれ、事件・犯罪報道は戦意を喪失させる、人心を不安に陥れるおそれがある、として次第に紙面から姿を消した。それが戦後、再び復活したのである。

現在ではこのような記事は、新聞からは駆逐されて週刊誌に移行している。今、新聞に求められているのは、客観性や公共性に基づいた迅速で正確な報道、人権に配慮した報道であろう(10)。

しかし、読み物風な『葛飾自治新聞』記事にある、「猫いらず」「カルチモン」「情婦」「慰安所」「共同水道で洗濯」「前夫は戦死し未亡人生活」「前夫の実弟と結婚」といった言葉や表現は、戦争直後の時代風俗そのものであり、六〇余年前の時代相をくっきりとよみがえらせる。

犯罪の手口は荒っぽく、事件のなりゆきは人間くささにあふれている――きっとそれが時代の空気そのものだったのだろう。

『葛飾自治新聞』の事件・犯罪記事を読むと、遠く過ぎ去った時間のなかに確かな人間の息遣いを感じることができる。

注

（1）『昭和20年・1945年』。
（2）『毎日グラフ別冊　戦後にっぽん3　サン写真新聞・昭和二三年』。
（3）『敗北を抱きしめて・上』。
（4）『資料　日本現代史2』「「街の声」・流言蜚語」。
（5）『敗北を抱きしめて・上』。
（6）『昭和20年・1945年』。
（7）『日本の百年9　廃墟の中から』。
（8）『MPのジープから見た占領下の東京――同乗警察官の観察記』には、強盗や強姦といった犯罪ではないが、米兵の粗暴さが引起こした事件として以下のような記述がある。「米軍の進駐とともに各地で大小の事件が続発したが、二十年代には銀座の数寄屋橋上から外堀川へ日本人を投げ込むという事件が何回かあり、記憶に残っている。（中略）一回目は昭和二十二年九月四日の夜で、橋上で二、三人の米兵が通行人をからかっていたが、そのうちちょうど銀座方面から来た若い女性を抱えるや、こともあろうか橋の上から川の中に投げ込んでしまったのである。外堀川は戦災の瓦礫の投棄でどぶ泥のような状態にあった。干満の影響を強く受けていた川で、満潮なら助かるが、干潮だと泥土に足をとられて助からないと言われていた。かわいそうにこの女性はやがて溺死体で発見された。被害者は銀座に勤める十八歳のOLで、葛飾の自宅に帰る途中であった。GHQは数日後、米第八軍東京憲兵隊が米兵三人を容疑者として取り調べ中と発表したが、以後処分は不明のままだった。（中略）このように米兵はよく川の中に日本人を投げ込んだが、いずれもまったく逮捕されなかった」。
（9）新聞は検閲をパスするため、アメリカ人を「大きい人」、黒人を「色の黒い人」、ジープを「速い車」、「大男がカネ、カネと脅した」などと隠語を使って報道した。
（10）現代の日本のジャーナリズムに定着している客観報道を重視する姿勢については、「現在の「客観報道」に関する言説の原点となっているのは、やはりGHQの指導によって導入されたプレス・コードであり、日本新聞協会の新聞倫理綱領であると考える」という指摘がある（『「客観報道」とは何か――戦後ジャーナリズム研究と客観報道論争』）。

参考文献

藤原彰ほか『昭和20年・１９４５年』小学館、一九九五年。

毎日新聞社『毎日グラフ別冊戦後にっぽん３　サン写真新聞・昭和二三年』一九八九年。

ジョン・ダワー『敗北を抱きしめて・上』岩波書店、二〇〇一年。

粟屋憲太郎『資料　日本現代史２』大月書店、一九八四年。

鶴見俊輔『日本の百年９　廃墟の中から』筑摩書房、二〇〇八年。

原田弘『ＭＰのジープから見た占領下の東京――同乗警察官の観察記』草思社、一九九九年。

中昌樹『「客観報道」とは何か―戦後ジャーナリズム研究と客観報道論争』新泉社、二〇〇六年。

昭和二三年の民意

近年、政治の場面で〝民意〟という言葉がひんぱんに使われるようになった。政治的施策や社会状況に対して、国民の多くが共通して抱いている考えを〝民意〟と称して使うことが多い。〝民意〟は目には見えないものだけに見極めるのは難しいが、新聞社やテレビ局、各種団体による世論調査の結果や選挙の結果などから、ひとつの傾向として明らかになる。

たとえば二〇一二年のタイムリーな話題としては、「日本の原子力発電は将来的には脱原発、減原発の方向に進むことが望ましい」というのは、現在の日本人の〝民意〟であるといってよいだろう。このような〝民意〟は時代の政治、経済、社会状況を背景に生まれるものなので、そこに注目すれば、その時代の国民の意識、志向を推察していくことができる。

ここでは一九四八年時の国民の国政に対する〝民意〟、また葛飾区民の区政・国政に対する〝民意〟について考えてみたい。参考とするのは一九四九年一月二三日に行われた衆議院議員選挙（以下総選挙と記載）の結果、『葛飾自治新聞』紙上の記事や投書などである。

敗戦後、新しい時代の幕開けとともにさまざまな政党が誕生した。一九四五年一一月から一二月にかけて、日本社会党、日本自由党、日本進歩党、日本協同党が結成され、日本共産党も再建された。戦後初の総選挙（一九四六年四月一〇日）には、これらの党がそれぞれの主義主張を闘わせながら国民に支持を訴えた。これは一九四〇年（昭和一五）にファシズムへの流れのなかで、共産党を除く全政党が解党して以来のことであった(1)。

戦後第二回目、一九四七年四月二五日の総選挙では、日本社会党（以下社会党と略）が一四三議席を得て第一党となった。国民は戦前軍部の横暴を抑えることができなかった保守系政党には深く失望していて、国民の側に立って新生日本の再建を訴える社会党に大きな期待を寄せたのである。戦後生まれた数多くの労働組合が、社会党を強力にバックアップしたことも大きかった(2)。

これによって成立した社会党首班片山内閣（社会・民主・国協連立）だったが、経済政策においてめぼしい成果を上げることができず、国民のなかにくすぶる物価や賃金、食糧不足などへの不満は一向に解消されなかった。戦後初の社会党政権として期待が大きかっただけに国民の落胆も大きく、片山内閣に対する支持は急速に衰えていった。そして社会党内左右両派の対立から昭和二四年度予算案の成立が見込めなくなった時、片山内閣は総辞職した（一九四八年二月一〇日）。

その後を受けた民主党芦田内閣（社会・民主・国協連立）も、六月に昭和電工事件（昭電疑獄）が発覚、芦田にまで追求の手がおよび一〇月には総辞職してしまう(3)。

片山内閣、芦田内閣ともに短命に終わった。この一年六か月は社会・中道勢力の政治的力量不足を国民に実感させることになり、贈収賄事件の発生は保守政党と何ら変わりがないと印象づけた。

こうした失望感は〝これからどの党に（誰に）将来を託したらよいのか〟という国民の判断のベクトルを、やがて全く逆の方向に向かわせることになる。

芦田の後は吉田内閣（第二次）が引き継いだ。そして一九四八年一二月二三日、与野党は合意の上で内閣不信任案を可決し、吉田は衆議院を解散した。何のためにこのような形式的な手続きを行ったのかといえば、吉田率いる民主自由党（以下民自党と略）は、この時第一党ではあったが衆議院の過半数を占めるには至っておらず、片山・芦田政権崩壊後、国民に信を問うてみずからの政権を盤石にする必要があったからである。

総選挙は年が明けた一九四九年一月二三日に実施された（（ ）内は前回選挙時の議席）。

民主自由党	二六四議席	（一三一）
日本民主党	六九議席	（一二四）
日本社会党	四八議席	（一四三）
国民協同党	一四議席	（三一）
日本共産党	三五議席	（四）

結果は民自党の圧勝、かつての連立三党の惨敗であった。社会党は委員長の片山哲さえ落選した。圧倒的多数の日本国民が保守派を支持したのである。

なぜ日本国民は民自党に一票を投じたのであろうか。

第一に考えられることは、国民が社会・中道政党には政権担当能力がないと厳しく判断したこと、第二には戦後三年半の時間的経過のなかで、国民が政治的にも経済的にも安定を求める気持ちを強く持つようになったこと、第三には吉田茂個人に対する信頼が厚かったことが挙げられよう。保守政治家である吉田には強いリーダーシップと国際情勢への判断力がそなわっており、ワンマンであると批判されながらも、〝頼りがいのあるオヤジ〟的人気が根強かった。人々はこうしたさまざまな理由を背景に、民自党に未来を託す選択をしたのだと思う。

また衆議院が解散されたその日（一九四八年一二月二三日）、東京裁判で死刑が確定していた東条英機ら七名の絞首刑が執行され、岸信介、児玉誉士夫、笹川良一ら一九名のA級戦犯容疑者が釈放になった。このことは国民に戦争にまつわるひとつの〝終わり〟を感じさせ、保守へ回帰することへの抵抗感を弱めたのではないか、とも思う。

マッカーサーは選挙結果に対し、「今回の選挙は、アジアの歴史上の一危機において、（日本国民は）政治の保守的な考え方に対し、明確な、しかも決定的な委任を与えたものである[4]」と声明を発表し、民自党支持を表明した。

一九四七年春頃から表面化してきたアメリカとソ連との間の〝冷たい戦争（冷戦）〟は、中国共産党の躍進、東西ドイツの分断、南北朝鮮の対立といった国際情勢を背景に激しさを増した。アメリカ政府は中国と朝鮮半島の共産主義勢力の拡大を防ぐ目的から、「日本を反共の防壁にする」ことを決定し、対日占領政策も「民主化」と「非軍事化」から「経済復興」を優先することに転換していた。そして、それを実現させるためには日本の政情が安定していること、それも保守政党によって安定していることが必要であり、それがマッカーサーの声明となったのである。吉田内閣（第三次）は経済復興を優先したいアメリカの思惑、経済的安定を求める財界、生活の向上を望む国民、といったそれぞれの利害が一致したところに生まれた政権だったといえるだろう。

そしてこの時から始まった保守党による一党支配は、一九五五年（昭和三〇）の自由民主党結成以降強固なものとなり、一九九三年（平成五）に野党に下る（日本新党細川護熙《もりひろ》が首相となる）まで四四年間連綿と続いた。また日本政府とアメリカ政府との緊密な関係も絶えることなく続き、現在に至っている。

現在の日米関係の有りようは、さかのぼればアメリカの対日政策の転換にまで行き着くように思う。沖縄にオスプレイを配備することを拒否できない日本政府の現在と、六六年前は全くひとまたぎに連なっているのである。

さて国政の場が大きく揺れていた一九四八年、葛飾区議会はどのような動きをみせていたのだろうか。『葛飾自治新聞』の区議会報告を追いかけてみることにしよう。

五月定例区会　自転車取得税創設
　葛飾区教員寮設備条令設定の件
　葛飾区教員寮使用条令　など
（一九四八年五月二三日付）

六月定例区会　未転入者に対する水害見舞金配分問題
　三中校長更迭問題
　生活困窮者に対する配給問題

支所あっ旋により代用しょう油配給問題
水災者用配布品問題
排水問題　衛生対策　など
（同六月六日付）

六月上旬までは、このような区民の生活に密着した問題について話し合われている。しかし六月に議長が任期一年満了のため辞任し、新議長・副議長を選出する段になって議員勢力図が大きく変わったあたりから、区議会は混乱し始める。
区議会の勢力図は、以下のように構成されていた。

（一九四七年四月選挙）　　（同年五月）
日本自由党　一七名　　自由クラブ　一八名
日本社会党　一二名　　革新クラブ　一五名
日本民主党　四名　　日本社会党　一二名
無所属　一二名

ところが自由クラブ、革新クラブが共に解散して〈葛飾区政同志クラブ〉を結成したのである。
『葛飾自治新聞』紙上に、その趣意書が掲載されている。

○「区政同志クラブ趣意書

区議会の円滑なる運営を期し、区政の活発なる進展を希《ねが》うは吾々の最も念願する処にして、常にこの信念に立脚し過去一ヵ年、区民の代表としてこん身の努力を傾倒せり。抑々《そもそも》民主政治の理念においては、区政の基盤とする処は区議会なり。故に区議会の運営如何《いかん》は、直ちに区行政に影響する処極めて大なるものあり。

しかうして自治体の議会においては、中央の政党政派を超越し運営せらるべきを理想とす。中央の党派に拘《とらわ》り、三派テイ立せる当区議会の現状は全く意義なきもののみならず、吾々の理想に反するものなり。ここにおいて吾々は意を決し、断固この理想を実現のため虚心坦懐《きょしんたんかい》一切の情実を捨て、只管《ひたすら》区政の円満なる発展を祈念し、同憂具眼《どうゆうぐがん》の士（※同じ心配を持ち、ものの本質を見抜く力のある人）の結合を以って、ここに超党派的団体たる葛飾区政同志クラブを結成せり。これに参加するもの三〇名にして、従来革新自由クラブは解散せり。本クラブはこの結集せる力を以って区政に参画し、〇導並に安定勢力となり自治体本然のすがたを顕現《けんげん》し、公正無私、明朗活達区政の飛躍的発展に貢献し、三三万区民の要望に応えんとするものなり。（※区人口、正しくは約二二万人）

右声明す。

六月二日　葛飾区政同志クラブ」

（一九四八年六月一三日付）

この動きは一九四八年三月に民自党が結成されて以降、保守合同の機運が高まってきたことと連動している。「区政同志クラブ趣意書」のとなりに並んで掲載されている「革新クラブ声明書」は、そのことをよく伝えている。

○「革新クラブ声明書

今般保守合同、区政の安定勢力を作らんが為の区会新党樹立に際し、革新クラブを解散して、これが傘下に結集することに多数意見をもって決定せり。昨年五月革新クラブ結成に当りては、不偏不党以て中正の道を進み、明朗なる区政確立にまい進せんことを誓いてより一ヵ年、吾等は革新クラブを解散せんとする理由薄弱にしてこれに反対せるも、遂に同志互にタモトを分つに至れり。吾等は行く者を追わず、来る者を拒まず、こん回革新クラブとしていよいよ熱と意気をもって、厳正中立清新なる区政の確立にまい進せんことを声明す。

昭和二三年六月　　革新クラブ」

革新クラブは一五名で構成されていたが、一二名が区政同志クラブに合流、しかしそれに納得できない三名の青年議員が、再び革新クラブとして活動していくことを宣言したものである。この再編によって葛飾区議会の勢力図は、

葛飾区政同志クラブ　三〇名
社会党　一二名
革新クラブ　三名

となり、結果、区議会の議長・副議長はともに保守系に取って代わられ、社会党は副議長職を失った。

その後の区議会関連記事は、見出しを追うと以下のようになる。

○「一三万円事件をめぐり　区民大会の準備進む
同志クラブ幹事会　助役弾劾の声高し」（一九四八年八月一五日付）

○「区庁舎協賛会調査特集号
区庁舎復興建設協賛会　疑惑を呼んだ八〇万の使途　参百万募集に乗出す
国費支出に疑惑の声　支出四二万の内一割は飲食費
盛んな復興宴会　整わぬ備品」（同八月二二日付）

○「借入金で揉む全員協議会　八月定例区会
傍聴席は超満員　一三万円議場を暴れる」（同九月五日付）

○「自転車税またも増額　区長不信任案否決　亀有分教場独立
区長は名誉職に非ず　不信任案上程に傍聴席色めく」（同九月一二日付）

○「静観の社党愈々立つ　開けない定例区会
注目を呼ぶ区長の進退　区長の責任を追及」（同一〇月一七日付）

○「綱紀粛正特別調査委員会設置
夜の定例区会　議席は空ッポ裏口会談

遅れた決算の理由不明　社党緊急動議提出」（同一〇月三一日付）

○「区長不信任　正副議長にお預り　区会舞台裏のお粗末」（同右）

○「区財政に七〇〇〇万の穴　葛飾疑獄を語る石崎氏」（同右）

こうして見てみると、八月頃からの区議会は区民のための実際的な施策を協議・検討することより、〝政治とカネ〟について不正を暴露したり、区長への不信任案をつきつけたりすることに躍起になっている。これは六月に昭電疑獄が発覚し、政界を揺るがす大事件になったことと期を同じくしている。日本中が〝政治とカネ〟をめぐるスキャンダルに驚き、怒り、失望していた時、葛飾区議会でも〝政治とカネ〟についての追及がなされていたのである。

こうした区議会の状況に対して、葛飾区民はどのように感じていたのだろうか。立石町の住人が『葛飾自治新聞』に次のような意見を寄せている。

○「時評　区民に報告せよ　　立石町　長岡善郎

新憲法実施とともにスタートした区長始め各種議員達はもう今月で一年六ヵ月になるが、その間いかなることをしたか、またしつつあるのか、私達区民は何ら具体的報告に接していない。昨年の水害で、当区は他区より予算その他の面で都から優遇されているはずなのに、治水工事始め区民のための事業は何ら進ちょくしていないようだ。昨年の水害見舞金を巡って一三万円事件とかで、区会は何時もくすぶり紛争を続けているようだが、当事者達からは何ら真相は知らされていない。都会（※都議会）でどんな問題が審議されているのか、又私達区民に直接関係ある区会で、この一年六ヵ月の間にどんな問題が審議され処りされたか、又区の発展のため、あるいは区民の福利厚生のためどんな手が打たれたか、何らの報告もない。

最近バクロ的新聞紙上で種々のスキャンダルがあばかれているようだが、それが果してじ実か、あるいは単なるデマなのか、私達はその判断に苦しんでいるのだ。区では先般来区政ニュースを発行して掲示板にハリ出しているようだが、区政ニュースとしてはほんの回覧板程度のものであり、私達のしりたい共産党や一部議員達の騒いでいるいわゆる一三万円事件、水害見舞金残余金の処理状態、区庁舎協賛会費の決算等々については、何ら区当局はこれを釈明していない。区長始め区会、都会各議員は、選挙民に対して年に一回くらいは一ヵ年間の議会経過報告その他、区民に対して報告する義務があると思う。

区会の各派所属を見ても、無所属で当選した連中が革新クラブを結成して、政党を超越して区政の刷新をめざして奮闘してくれるものと期待していたところ、何時の間にか革新クラブは三名になり、他は保守系同志クラブと称するものを組織して、その初志を変えて多数に頼っているようだ。

せっかく立派な区会講堂ができたのだから、定例区会は日時を一般区民に周知させ、でき得る限り一人でも多くの傍聴者を入れ、区会の模ようを一般大衆にも知らせてほしい。場内整理の名目で限られた少人数しか傍聴を許されていないようだが、これでは区政の発展も望まれまい。

亦《また》一定期間を限って地区別に選出議員の区会報告を行い、区会の現状はこうだ、都会の現状は、区当局の現況は等、いちいち区民に報告して区民の協力を得ることが、区政発てんの基礎になることと思う。区長始め各議員の奮起を望み、各種経過報告の実現を希《ねが》うや切である」

（一九四八年一〇月三一日付）

区議会（区政）を透明化せよ、区政の報告をせよ、区議会傍聴をもっと開放せよ、区民の意見を聞き、協力を得るよう考えよ——これは情報公開の必要性を求める意見であり、民主主義の時代になったことを強く意識した主張である。このことは多くの区民も望むところであっただろう。区議会が政争に明け暮れている現状に対しては、批判的な人も、悪は許すなという人もいたことだろう。けれども区議会の報告がきちんとなされなければ、考えようにも材料がない。立石の住民の意見は、葛飾区民のなかの良識ある〝民意〟といってもよいのではないだろうか。

しかしながら、一二月になっても区議会はもめ続けていた。

○「有名化する葛飾区政　臨時区会要請か？

区長の進退期間の問題　交渉挫折——

一〇〇〇万円疑獄事件に発展か？　社党不信任案一本槍」

（一九四八年一一月七日付）

○「区政特集号　社党区長不信任案を上程

深夜の予算区会　停電と休憩の連続！

辞任の意志表示は？

「釈然とせぬ舞台裏　答弁を避ける区長議長
第二日目区会
議場を暴れた腹と腹！　区長・議長の不信任案否決
矢沢議員辞職を申出」
（同一二月五日付）

区議会社会党のこうした動きは、国政での支持率低下を背景に、〝反区長〟を訴えることによって存在感を示そうとする意図があったのであろう。

『葛飾自治新聞』は一九四八年一二月一二日付号に、次のような「主張」を載せた。大新聞の「社説」と考えてよいだろう。

○「主張　区会は速かに解散を

昨年新憲法施行と共に区民の要望を担い発足せる区会は、その後中央議会の状態をそのまゝ延長したかの如く、区長問題を俎上に此処半年以上も紛争を続けて居り、議員個人の御都合主義に終止して居る様に想われる。此の様な区会は速かに解散して、信を区民に問うべきであり、区政の刷新を断行すべきである。

水害地区である当区は、他区より優先的に都の予算も割当られて居るにかゝわらず、水害後の今日、水害復旧事業、排水器の増設、中小学校の増設、二部教授の完全撤廃等々為すべき事は山積されて居るに拘らず、政争に終結して居る現区会には、区の発展はもとより区政の刷新等は想

いもよらぬ事である。（中略）

区会に於いて不信任が通過しても、区長自ら正なりと信ずれば解散を断行、民意に問う結果に於て紛争と区政遅滞の責任の所在が、区民により明かにされるのである。

区議再選に得票に自信のあるものは三分の一くらいなど、言われて居る為か否かは別として、解散を恐れて居る議員諸君の少く無い事は見逃せぬ事実である。

然《しか》し此の様な猿芝居めいた二二万区民をチョロナメにした様な区会を連続する事に依り、街で噂されて居る再選に三分の一所か百パーセントの落選へと区民の信を失うは明らかである……

先の予算区会に於て可決せる一億数千万の追加予算中の人件費に於て、区長給与を初め議員の報酬を、乏しい区財源を尻目に現在の賃金ベースに於て見られぬ四倍の増額とし、本年一月に遡り支給するとの事であるが、区民大衆の利益は愚か政争のみを事として居り乍ら、報酬だけは普通以上に得んとする此の意図奈辺にありや。此の点を見ても二二万区民の代表者として心細い限りであると謂わざるを得まい。此の様な現区会は文化国家としての区政刷新の為、自発的解散を要望する。

予算区会で区長不信任案が出た様だが、区長よりも現区会に区民は失望して居る」

区議会は解散の方向に進んだか？　進むことはなかった。なぜなら区議会より先に国会が解散してしまい、それどころではなくなってしまったのである。

正月が明けてからの『葛飾自治新聞』一面トップは総選挙関連へとシフトしていき、「あなたの一

票は日本復興の鍵　総選挙愈々今日！」（一九四九年一月二三日付）という日を迎える。(5)

葛飾区民は国政に対してどのような判断を下したのか、開票の結果はなかなか興味深い（以下の数字は『葛飾自治新聞』一九四九年一月三〇日付号による）。

投票数　八〇、七三二票　男　四四、三一三票
　　　　　　　　　　　女　三六、四一九票

投票率　六割六分　男　七割三分一厘（※正しくは七割二分一厘）
　　　　　　　　　女　五割九分八厘

当選者　第六区　一八名立候補　定員五名（〈　〉内は葛飾区票）

キクナミカツミ（共新四六）　五七、七一一票〈一二、三四〇票〉
天野　公義（自新二九）　五五、二六六票〈六、四七一票〉
島村　一郎（自前五六）　五〇、七七七票〈八、五三〇票〉
中島　守利（自前七三）　四二、六五四票〈一六、八六一票〉
山口シヅエ（社前三三）　三五、六三二票〈七、三〇六票〉

地元新宿出身の保守政治家中島守利の得票数は、三九・一％が葛飾区票である。中島の政治家としての長いキャリアと、地元有力者としての人望の厚さをうかがい知ることができる。これは国民

が吉田茂に求めた〝老練で頼りがいのあるリーダー〟像と同じ種類のものだろう。

キクナミカツミ（聴濤克巳）は朝日新聞論説委員→従業員組合委員長→日本新聞通信労働組合委員長→全日本産業別労働組合会議初代議長という華々しい経歴を持つ共産党員であった。この選挙の時には共産党東部地域委員長をしており、亀有在住でもあったことから、葛飾区民は彼に一二、三四〇票を投じた。これは全キクナミ票の二一・三％に当たり、また葛飾区全投票数八〇、七三二票のうち一五・二％にも相当した。この総選挙では共産党が四議席から三五議席へと大躍進を遂げていたが、葛飾区民の革新勢力へ寄せる期待の高さをよく示している。

さらに第六区候補者一八名の票を分類してみると、以下のようになる（少数点以下第二位切り捨て）。

保守（民自）	三三、二九一票	四一・二％
革新（社会・共産）	三一、九八八票	三九・六％
中道（民主・国協）	三、〇〇二票	三・七％
無所属	一〇、八四五票	一三・四％
無効	一、六〇六票	

葛飾区の革新・中道系支持票を合計すると三四、九九〇票（四三・三％）となり、僅差とはいえ保守系（民自）支持票を上回っている。区民の政治的判断に、かつてこのようなラディカルな時代があったとは驚きである。(6)

こうした選挙結果は、どのような背景から生まれたのだろうか。

葛飾区内の革新政党支持者は知識人や学生層ではなく、零細な工場で働く労働者や低所得者層であったと考えられる。彼らは「この苦しい生活を今すぐにでも改善、救済してほしい」と願う気持ちが強かった。

そうした人々にとっては、保守党の言うところの「政治的安定の上に経済的発展を促す」という処方箋は即効性がなく、〝経済発展した日本〟は未来像としてイメージしにくかった。また、経済が発展して肥え太るのは資本家ばかり、という戦前のトラウマもあった。

それに対して革新政党の、「労働者が主役だ」「労働者の生活・権利を守る」「平和で平等な世の中を実現する」というような訴えは、分かりやすくて即効性が期待できた。強い権力と対立する姿勢は、〝悪と闘う→弱い者を助ける〟的正義の実行者のようにも映った。そして区内投票者のうち三一、九八八人（三九・六％）が革新政党を支持、総選挙が保守圧勝であった中にあって、葛飾では赤い旗に希望を託した人々がたくさんいたのである。

この葛飾区の革新系支持者は、一九五〇年代には東京六区（足立・江戸川・葛飾）から、熊木虎三、山口シヅエ、島上善五郎といった社会党候補者を常に上位で当選させる力となった。これらの革新票は、朝鮮戦争（一九五〇〜一九五三年）をきっかけとする景気の回復によって保守へと回帰したり、一九六七年に公明党が衆院選に初進出したりするようになってからはしだいに分散していくが、一九七〇年代に入っても衆院選で社会党や共産党の候補を当選させるなど、根強い力として存在し続けた。

こうして一九四八年の民意を反映しながら一九四九年一月二三日の総選挙は終わり、新しい一年が始まろうとしている。『敗北を抱きしめて・下』のなかには、この新しい一年について次のような記述がある。

「（世論調査で）この国は「いい方向」に向かっていると思うかと訊ねられて、一九四八年にはまだ日本人の大多数が肯定的に答えていた。それが一九四九年になると、答えの過半数が否定的になった。一九四九年以降は、日本がふたたび戦争に巻き込まれるのではないかと不安だ、とする回答者が確実に半数を超えるようになった」

GHQと手をたずさえた吉田内閣の国政のかじ取りは、一九四九年から右へと急旋回を始める。その方向転換を当時のメディアは「逆コース」[7]と呼び、輝やかしい民主改革の日々はしだいに遠くなっていくのである。

注

（1）一九三二年（昭和七）の五・一五事件で首相の犬養毅《つよし》が暗殺された後、首相となったのは海軍大将の斉藤実《まこと》だった。これによって政党内閣時代は事実上終わった、とされる。その後も一九三六年、一九三七年と総選挙は行われたが、政党はファシズム化に抵抗できないまま、一九四〇年に日本共産党を除く全政党が解党して大政翼賛会に吸収されたのである。

（2）『復興から高度成長へ』によれば、一九四八年時点で労働組合は三万三九二六組合、参加人員六六八万人、その前後の年のピークを記録した、とある。

（3）復興金融公庫から三〇億円の融資を得るために昭和電工（化学肥料会社）が政府高官や政府金融機関幹部に対して行った贈収賄事件。年末までに芦田均を含め六〇余人が逮捕された。四四人が起訴され裁判は一九五八年まで続いたが、閣僚クラスは全員無罪となった。

（4）『戦後改革と逆コース』。

（5）一九四九年一月二三日の総選挙の全国投票率は七四・〇%。民自党は当選者二六四人中一二一人（四五・八%）、共産党は三五人中二八人（八〇・〇%）が新人議員だった。この選挙で民自党から佐藤栄作、池田勇人《はやと》ら多くの官僚出身者が当選を果たし、民自党が職業政治家の党から官僚の党へと徐々に変化していく契期となった。福永文夫「指導者の交代――衆議院総選挙結果を手がかりに」『地域から見直す占領改革――戦後地方政治の連続と非連続』。

（6）『葛飾新聞』一九四七年七月一五日付号にも葛飾区民の革新政党支持率の高さを示す記事が載っている。五二ページ参照。

（7）『戦後改革と逆コース』には、「逆コース」の語源は、『読売新聞』が一九五一年一一月から連載した記事「逆コース」によるといわれている、とある。

参考文献

井上光貞ほか『復興から高度成長へ』山川出版社、一九九七年。

吉田裕ほか『戦後改革と逆コース』吉川弘文館、二〇〇四年。

ジョン・ダワー『敗北を抱きしめて・下』岩波書店、二〇〇一年。

天川晃・増田弘編『地域から見直す占領改革――戦後地方政治の連続と非連続』山川出版社、二〇〇一年。

中村隆英・宮崎正康編『過渡期としての一九五〇年代』東京大学出版会、一九九七年。

Ⅲ. 復興と社会不安の狭間で

――一九四九年（昭和二四）

一九四九年という年

二〇〇九年（平成二一）、一〇〇年に一度といわれる大不況のさなか、六〇歳で定年退職を迎えた勤労者たちは、多くが一九四九年（昭和二四）生まれである。この二七〇万人にものぼるという一九四九年生まれは、ベビーブーマー、団塊の世代などと呼ばれてきたが、さて彼らが産声をあげた一九四九年、昭和二四年という年はいったいどんな年だったのだろうか。

歴史家の大江志乃夫は著書のなかで、「昭和二四年（一九四九）から、講和条約が発効した昭和二七年四月までの三年余の年月は、戦後三〇年の歴史のなかで、もっとも暗い時代であった。暗黒政治と経済不況のなかで、第三次大戦の戦雲が頭上におおいかぶさってきた時代であった」と書いている。(1)

一九四九年から六〇年以上が過ぎている現在、当時を体験的に〝暗い時代だったたなぁ〟と語れる人は多くはないだろう。この一九四九年、昭和二四年という年は、日本の政治や経済の出来事より、個人史や家族史にとっての一ページとして記憶されていることの方が多いのではないだろうか。たとえば「結婚して子供が生まれた年」「自分が生まれた年」「兄弟の一人が生まれた年」「小学〇年生だった、中学〇年生だった」のように。そして、その事実から発生するさまざまな生活の記憶が、なつかしくよみがえってくることだろう。

あるいは、そのような個人的な出来事と結びつく記憶を持たない人にとっては、一九四九年は〝敗戦後の占領期〟というひとくくりの時間のなかの一年であって、特別な年とは意識されないであろう。

〝敗戦後の占領期〟はたった六〇年前のことでありながら、日本人の心理からはずいぶん彼方のことになってしまっている。個人的な体験の記憶の前に、当時の日本の社会や世界の動きがどうであったのかは、後方に追いやられ忘れられがちである。一九四九年というのは、本当に大江志乃夫のいうような〝もっとも暗い時代〟であったのだろうか。当時の人々は、それこそどんな気持ちで生活していたのだろうか。

一九四九年の日本は、一月二三日の総選挙で保守民主自由党が二六四議席を獲得して圧勝したことに象徴される。敗戦後はや四年目を迎え、日本国民は政治や経済の安定を強く望んでいた。一九四七年には社会党首班連立内閣に未来を託したものの、不安定な政権では経済再建もままならず、国民は占領下という荒波を乗りきる〝強い力〟に期待を寄せたのである。

第三次吉田内閣（一九四九年二月一六日〜一九五二年一〇月二四日）は、アメリカ政府の対日占領政策の転換（非軍事化・民主化から経済復興へ）という風向きの変化に合わせて進んだ。

アメリカ政府は日本占領開始時、理想主義的な情熱に燃えて日本の民主化を推進しようとするニユーディーラーと呼ばれる人々と、保守的な職業軍人を中心とする人々をGHQに送りこんだ。占領が始まってしばらくは、ニューディーラーたちによって急進的な民主化政策が次々と打出された。(2)

しかし一九四七年に入ると、アメリカ国民の税金が使われていることから（アメリカ国内で多額の対日占領費用に対する不満が生まれたり）、中国革命が進展したりと状況が変化するなかで、アメリカ政府は〝対日占領政策は今までのまま「非軍事化」「民主化」を推進することでよいのか〟の見直しを迫られることになった。

陸軍次官ウィリアム・ドレーパーは日本経済の現状を視察（一九四七年九月）した結果、「日本はインフレーションの昂進、物資の不足、疾病と不安に悩まされており、これを放置すれば日本経済は危機に瀕するのみならず、共産主義の浸透をより容易にする」と考え、「マッカーサーに会い、賠償問題・財閥解体政策を即時かつ根本的に変更する必要のあることを説いた」。そして「初期の民主化を犠牲にしてもよいから、経済復興と日本国内の保守勢力の強化を優先させるべきことを主張したのである(3)」。

こうして対日占領政策は少しずつ変容していき、一九四八年一〇月にアメリカ政府が「合衆国の対日政策に関する国家安全保障会議の勧告」を決定すると、改革よりも経済復興を優先する、という道すじがはっきりした。そして同年一二月にはGHQを通して経済安定九原則の実施を日本政府に指示、それを実現させるために一九四九年二月、ジョセフ・ドッジを送りこんできた。

ドッジは日本政府の一九四九年度予算に対して厳しい財政引締めを要求し、公共事業費や補助金の削減、復興金融金庫の貸出全面停止、税金の徴収強化などを断行した。さらに労働者の賃金を抑え、一ドル＝三六〇円の単一為替レートを設定した。こうした一連の施策はドッジ＝ラインと呼ばれ、それによって日本国内のインフレは急速におさまり、物価も安定した。

けれどもこうした荒療治は、日本経済の再生のためとはいえ、庶民の前には過酷な現実となって立ち現れた。金融機関の貸ししぶりから、金回りの悪くなった中小企業は次々と倒産した。需要が落ち込み製品価格が下落した大企業は、人員整理という名のもとに大量の労働者を解雇した。その数は一九四九年一年間で四三万五四六六人にのぼった。

また「行政機関職員定員法」が公布（一九四九年五月三一日）され、公務員や公共機関職員二八万五〇〇〇人余の整理（＝解雇）が発表された。このうち国鉄は七月五日に三万七〇〇〇人、一二日に六万三〇〇〇人の整理を通告、郵政関係は八月に二万六五〇〇人の人員整理を行った。

こうしてたくさんの労働者が職を失った。失業者の数は一九四七年末には二六〇万人だったが、一九四九年六月には三六〇万人、一九五〇年には四三〇万人と激増した。

国鉄や東芝など一部の企業では激しい労働運動がくり広げられたが、そのさなかの七月六日、国鉄総裁下山定則が常磐線綾瀬駅付近の線路上で轢《れき》死体となって発見された（下山事件）。また七月一五日には中央線三鷹駅構内で無人電車が暴走、六人が死亡二〇余名が重軽傷を負った（三鷹事件）。さらに八月一七日には東北本線松川駅付近で列車が脱線転覆し、乗務員三人が死亡した（松川事件）。

三鷹事件発生の翌日、吉田首相は「共産主義者が社会不安を挑発している」と発表し、政府もこれらの事件は共産党や労働組合が関与しているかのような世論操作を続けた。そしてこのフレームアップは成功し、国民の一部にあった共産党への期待感は薄れていった。吉田内閣はＧＨＱとともにドッジ＝ラインに沿って経済再建をすすめながら、思想や行動について問題があると判断した労働者を大量に解雇（レッド・パージ）することで、政権の安定を得たのである。(4)

こうしてみていく限り、一九四九年という年は厳しい経済の締めつけと、「民主化」とはかけ離れた国内の革新勢力潰しがあからさまに行われた年――「日本占領にとって決定的な曲がり角であった」(5)――といってよいだろう。

しかし一方で次のような証言を読むと、一九四九年という年もずいぶん違ったものに映る。

「この年（一九四九年）、歴史に残るナゾの大事件が続発している。七月の下山事件、三鷹事件、八月の松川事件。その背後にはＧＨＱの影と国鉄職員三万七〇〇〇人の解雇と社会不安が横たわっていた。しかし、そんな中でも、人びとは焼け跡のバラックから脱出し、たとえ狭いものであっても、「楽しいわが家」を求める夢を描きはじめていたのである」

「衣食住とはよく言ったもので、焦土からゼロの再出発を始めた戦後の日本人が、ようやく焼け跡の中で、家への渇望に駆り立てられ、小さいながらも「わが家」の暖かさを取り戻しはじめた。〝マイホーム渇望元年〟、それが昭和二四年だったといえるだろう」(6)

ここには左翼的思想にも労働運動にも関わり合わず、不景気な時代をたくましく生き抜こうとする人々の姿がある。一九四九年は暗いことばかりではなく、未来への明るい希望がほのかに見えてきた年でもあった。『増補版昭和・平成家庭史年表』〈以下〈増〉と表示〉、『東京闇市興亡史・年表』

（以下〈東〉と表示）といった庶民の生活の記録から復興のきざしを追っていくと、次のような記載が目に止まる。

一月一日　大都市への転入抑制が解除。一〇日間で東京に六万人が転入〈増〉
一月三日　盛り場は人の波、陽春に浮かれる晴れ着姿（朝日）〈東〉
二月七日　東京・上野の凍死者、昭和二三年の冬は一〇〇人だったのが、今冬は九人と激減〈増〉
三月一日　東京新宿に都営戸山ハイツ一〇五三戸が完成。戦後アパート団地の第一号。四月二七日再抽選分三三戸に対して一万人が殺到〈増〉
四月一日　野菜自由販売になる〈東〉
五月七日　昭和二二年七月から休業していた全国の料理飲食店が再開。屋台も都内に三三〇〇台も出現〈増〉
同　酒類自由販売、きのうから値下げ（毎日）〈東〉
六月一日　大都市にビヤホール復活。東京二一ヵ所、午後二時〜八時、値段は五〇〇ml　一五〇円〈増〉
六月三〇日　臨時建築制限規制が改正され、三〇坪以下の住宅は届出だけで建築できるようになる〈増〉
七月一日　家具など一〇〇〇品目〇公撤廃（朝日）〈東〉

一〇月五日　純毛・純綿も潤沢に、明るくなった衣料事情〈朝日〉〈東〉
一二月一日　東京瓦斯《ガス》は一〇年間にわたるガス使用制限を解除。二四時間供給を開始〈増〉
　　この年東京都内の自動車が急増。警視庁に登録された昭和二三年の自動車台数三万九〇九六台が、昭和二四年一二月末には五万二一四台に〈増〉

また、青春映画の主題歌「青い山脈」が流行したり、湯川秀樹がノーベル物理学賞を受賞したりしたことも、日本人の心を明るくした。

「一九四九年夏の社会情勢は、一種異様な物情騒然たるものであった」(7)というような社会不安の一方で、復興への道すじが見えてきた年――これが一九四九年という年の二つの顔である。

では、葛飾区の世情はどうであったか。

『葛飾新聞』紙上からも、社会不安と復興という両方の状況を如実に読み取ることができる。

○「赤旗振るデモ隊議場内外に殺到！　区会を暴れる『公安条例』

　正副議長の改選は当分お流れ

五月定例区議会は意外の問題からかつてない波乱をひき起し、会期を延長、三〇、三一日の両日に亘り開会された。

　懸案の正副議長並に各常任委員長の各派割ふりが連日に亘る各派交渉会の協議も空しく、同志クラブ、社会党両派の妥結ならず、双方鋭い意見対立のまゝ議事に入ったので開会劈《へき》頭から波乱を思わせていたが、この日開会前から参集していた区内各労働組合員数百名のデモ隊は、目下都議会に提案されようとしている公安条例の反対を区議会で決議陳情して欲しいと社会党議員団を通じ提案すると共に、傍聴を議長に交渉したが容れられず、激昂したデモ隊の野次と騒音に議事進行も再々中止するという議場は混乱に終始、議事は一般質問半ばで打ちきり散会となった。

議長強引に散会

この日の大塚議長デモ隊の野次に押されてか議事進行とりみだし、緊急質問を緊急動議とうっかりとり違え採択を図る醜体を演じ六時三〇分一端休憩、同七時再開、山野井区議「佐野区議の緊急動議について、公安条例の反対動議を提案する」と動議提案しかけたが、佐野区議より「突然なので考慮の余地がないといったのであって、動議ではなく質問である」と動議か質問かと傍聴の〇〇員の騒然たる野次に議場は大〇〇となり、議長強引に会期延長解散を宣して七時半第一日目は終った。

治安維持法再現と社党反対動議　速決拒否決議に罵声の嵐

公安条例反対を区議会で決議して欲しいと、三〇日に増し参集した区内労組員の打振る赤旗、スクラム組み合唱するインターナショナルの労動歌に恐れをなしたか、第二日目本会議は定刻をすぐる午後四時五分漸く再開（以下略）

総務委員会附托に議場大混乱

以上で一般質問が終ったが、この時社会党小川区議緊急動議として、「戦時中の治安維持法を再現する公安条例反対の陳情並に請願を提議する」と社会党議員の面目にかけてもいわんばかりに論旨滔々《とうとう》と傍聴席の注視を一身に集め提案理由を説明、加藤区議も重ねて同法が労働者の自由を奪うものであるから超党派的に決議して欲しいと提議、同動議を採択したが、山崎区議「重大問題であるので内容を検討するため、総務委員会に附託したい」

この時再び議場は速決を連呼する傍聴席の騒音に、山本区議は議場の秩序維持を議長に提案する大混乱となった。議長、委員会附託を図り同志クラブの賛成で可決、日程に移り五時二五分休憩」

（一九四九年六月五日付）

この記事にある公安条例とは、大阪、京都、福井市などで実施していた「デモの公安維持に関する条例」を東京都にも施行すべしとの案が都議員の中から持ち上がったもので、五月三〇日に上程されることになっていた。

当日、都議会には都公安条例に反対する一三〇〇人余の労働者（三〇〇〇人以上とする説もある）が集結、デモ隊と警察隊は激しく衝突した。この時、東京都交通局労組の組合員一名が死亡、多数の負傷者を出した。翌三一日にも都庁前にはデモ隊一〇〇〇人が詰めかけ、警察隊九〇〇人と衝突した（都の公安条例「集団進行および集団示威運動に関する都の条例」は、同年一〇月二〇日に公布施行された）。

都議会が大混乱したその日、葛飾区議会にも「区内各労働組合員数百名のデモ隊」が押し寄せたというのである。〝数百名〟とはあまりに漠然とした数ではあるが、およそ四〇〇人～六〇〇人ぐらいの間といったところであろうか。区当局者にとって、議会に労働者たちが続々と結集してくる緊迫感は、この上もない脅威であったことだろう。赤旗を打振り、スクラムを組んでインターナショナルを高唱する、議会傍聴席で大勢が野次をとばす——労働者たちの意気は軒昂である。押しかけてきたのは労働者ばかりではなかった。主婦たちが区長に会わせろと、区役所に乗込んできたこともある。

○「金貸せと区長に面会強要　生活資金獲得デモ　暴行容疑で共産党員逮捕

日本共産党葛飾地区党員約数十名の指導による下千葉、上千葉地域主婦約一〇〇名を含む陳情団は、去る二九日午前九時頃より区役所に押かけ、掛売の件、生活資金を貸せ（目下開催中の都議会提案中の生業資金三億円中葛飾交付未定、道路補修費（盛土）一九六〇万円中何れを聞いてか）と区長に会見を強要、数時間にわたり代表に会う、否、全部代表だと交渉成り立たず、事業税委員会出席の時間をさいて代表と約束の時間だけ会見、退席を計るや遂に混乱におちいり、一団の指導者とみられる亀有労農会館内崎山五郎（二七）、日立労組員（足立）山重久男（二五）の両君が鎮めにかけつけた本田署武装警官隊に暴力容疑者として逮捕された事件につき、他紙は一斉に〝葛飾区長を殴る、葛飾区長に暴行、区長の顔面を殴打〟と報じ、共産党地区委員会では〝狂った区長武装警官を動員、区民を弾圧云々〟とチラシを散布しているが、本事件は如何なる経過より生れたか、各方面の情報に基き記してみよう。

主婦達はなぜ動いたか？

主婦達は如何に食生活が乏しいとは云え、無闇に金を貸せ、米よこせの行動に出た訳ではなかろう。日本共産党葛飾地区委員会では次のようなチラシを発行、主婦達を指導した。

綾瀬で救ご米獲得　さあ皆さん早いもの勝ちです

みなさん区役所では金がないから取れないのだとうそぶいています

これは真赤なうそで、区には二〇〇〇万円もの金が余っています

救護米は昨年と同じたくさん余っています

一人残ず袋をもってたゞちにもらい、可愛い子供に明日は腹一ぱいたべさせましょう

日本共産党葛飾地区委員会

この様なチラシが配られている辺り、口頭或はチラシかは別として右の要旨を知った主婦達は、男子数十名を先頭に生活資金を貸せ、米のかけ売りを認めよと区役所に押しかけ面会を申入れ、区長との間に交渉が続けられたが、一二時に至り応接室に於て代表のみと逢うの応答に、みんなが代表者だから全部に逢って呉れ、否無届集会等の注意もあり代表者のみと逢うと云った具合で、交渉成立せず物別れとなり、区長一時より開催中の税務委員会に出席すべく区長室を出るや、委員会出席の理由丈でも説明して欲しいの要望に応へ、講堂に於いて一同と会見、他会出席理由を述べ退席を試みるや、一同これを不満とし出入り口を閉ぢ、みんなの意見を聞いて呉れと一もんちゃく、五分間の要求に対し一〇分丈聴く事を約束、一〇分後に再び退場せんとするや、出すまいとする一団と課長係長等に助けられ退出せんとする相互間に争が生じ、多勢に無勢、もみくしゃにされ区長室に引揚たが、その際葛飾区長高橋佐久松（五三）氏の胸部・膝、区役所守衛湯浅〇太郎（四七）氏腰部・臀部にそれぞれ全治一週間の打撲溢血傷を受けた事が後で医師の診断に

より明らかになったが、区長を追って再び面会強要、同室を取巻いて座込み戦を企て混乱状態になったが、鎮圧に馳つけた警官隊に前記山重、崎山両氏は暴行容疑者として逮捕され、事件は一応納った。

共産党葛飾地区委員会談

拘留理由も発表せず警察は人権じゅうりんである。不当弾圧絶対反対の大会、区長、署長のリコールを行う。出席した主婦達は暴行をしないといっている。区、署長を告訴すると語っていた

警察当局談

暴力行為取締法第一条の現行犯人として逮捕したのであり、暴力行為に出たものは共産党であろうが何党でも、今後一層厳重に取締る」

（一九四九年八月七日付）

記事は区長と区民との押し問答の様子など、臨場感あふれる書きぶりでこの日の出来事を伝えている。

日本共産党は一九二二年（大正一一）結党以来、戦前のたび重なる弾圧に耐えて戦後を迎えた。そして軍国主義専制国家の対岸にあった党として多くの人々の信頼を得、一九四九年一月二三日の総選挙では議席を四議席から三五議席へと急増させる勢いをみせた。けれども党指導部の方針が現実に即していなかったり、党内の対立が深刻化したり、さらには武闘路線に走ったりするうち、一度は得た信頼をしだいに失っていった。先の記事の時代には、まだ共産党と区民との距離は近く、貧しい人々の多い葛飾区にあっては影響力も大きかったものと思われる。

また次の記事からは、当時の区内労働者たちの動向の一端を知ることができる。日本紙業亀有工場は、広大な敷地と多数の労働者をかかえる大工場であったが、ドッジ・デフレのなか、激しい労使対決が続いていた(8)。

○「反共声明第二労組発足　亀有日本紙業スト解決へ

亀有日本紙業KKは去る一三日よりストに入り、組合側は要求事項四つを提示し、会社側又頑強にこれに対し、遂にロックアウトの手を打ち、このまゝでは生産管理も止むなしと組合側も腹をすえて前途に波乱を予想されたが、同問題の調停に日本紙業KK労働組合連合会が立ち種々交渉の結果、会社側もロックアウトを解き、暫定案を示し就業命令が出たが、未だ個人に対して勤務命令が出ていないので、従業員は待機の有様であるが、連合会のあっせんと組合側自体も「反共声明」を発し、第二労働組合の新発足を見て徐々に交渉は進展をみせ、一旦は資金カンパに「飴うり」などを行って要求貫徹を期した従業員も愁眉《しゅうび》を開くに至り、就業命令が出た以上、正業に服するのも間近いとみられる」

（一九四九年一〇月三〇日付）

○「日本紙業の人員整理　馘首《かくしゅ》組の抗議も空し会社案

旧ろう（※昨年・一九四九年）一〇月一三日〝労組〟が賃上げ外四項目を提示スト態勢に入り、会社側またこれに対しロックアウトの手を打ち、その裡《うち》反共を声明する第二労組の発足に迄発展、一応解決に至った日本紙業亀有工場（工場長和田武彦氏）では、企業整備に伴い勤務成績不良なるもの、他一四項目を組合側に示し、労働協約に基づき二〇パーセントの人員整理、一四パーセントの賃金値下げを一月より交渉に入り、二月三日発表した事に端を発し馘首組の過半数は任意退職となりたるも、前争議の指導者前組合長川越治孝氏外約三〇名が会社側に対し不当馘首なりと迫り、再び争議態勢にいり（警察側の見解）、街頭に進むアメ売り等行い組合運動に発展するやの空気もみられたが、会社案通り二月末日に強行される事になった模様である」

（一九五〇年二月二六日付）

人員整理の対象とされた労働者たち六三名は、「労農会館に不当馘首闘争本部を設け」「東京地方裁判所に提訴」した。そして「離職証明書の交付方を迫り会社に押かけ」「同日午後二時半頃遂に表門扉の倒壊と進展、亀有署員の探知するところ」となったが、「犯罪成りたたずと双方一先ず帰途についた」という（同三月二二日付）。

会社側は「鉄條網を正門にめぐらす」などして対抗したが、東京地裁は「会社側の馘首は労協違反のかどでその効力を停止する」と判決を下し、「馘首組に凱歌が揚った」。しかし会社側は「社内で賃金の支払いはするも、就業はお断りする態度に出ている」（同三月一九日付）。

戦後の新しい法律は労働者たちに味方したけれども、現実は多難であったことだろう。

他にも、新宿郵便局労組が全逓《てい》を脱退して第二組合を結成する「極左は置去りに　新宿局物心両面の刷新」（一一月六日付）、行政整理関連の「不良職員は首　新規採用も可　行政の簡素人事刷新能率化」（八月一四日付）、「基本的人権が侵されぬか　区職員整理愈々《いよいよ》開始　幹部の個人干渉　支所五本所二」（九月二五日付）といった記事もある。「日ノ丸掲げて……〝徳田とその一統　ソ連転入勧告〟反共運動街頭に進出！」（九月四日付）、「反響も空し反共演説　〝気の毒な青年〟と野次を反駁《ばく》」（九月二五日付）のような右翼的な活動の様子も掲載されている。

また、「団体等規正令」(9)によって在日朝鮮人連盟に解散命令が下されたその日、葛飾区の支部に指令が届いた時のことが載っている。

○「朝連葛飾支部解散　本部指令をたてに伝達拒絶　再度の交渉で平穏裡に執行

朝連など四団体解散と幹部三六名の公職追放及びこれらの団体の財産接収の措置は他紙既報の通りであるが、これが今後の行動如何については一般の関心事とされている折、当区にある旧葛飾朝連支部は午前一一時、本田署長、法務府福本事務官及び警官隊を以ての指令を、本部より指令なきを理由に一旦拒絶したが、午後六時再度交渉に入り円満なる運びを見せ、八時解散指令の伝達及び財産保全等総て平穏裡に終了した。なおこれが今後の問題に関して元副委員長は、今後正当なる輿論《よ》を喚起し当局に対して合法的闘争を続ける旨洩らしていた。

記念行事はお流れ

この日（八日）当区立石町大通りにある葛飾朝連支部に午前一一時本田署長、法務庁福本事務官、警官三五名の一行は解散指令及びこれに基づく財産接収を行うため同所を訪れたところ、本部より指令なきことを理由として拒絶、当局の方針たる円満解決の線に随い午後六時再交渉を行ったところ、今度は委員長不在を口実として交渉に応ぜず、強制執行に至るかの空気も見られたが、結局残留の幹部を以て責任を取ることとなり、八時解散指令の伝達及び財産保全等の総ては懸念された混乱を生ずることなく終了した。

なお同支部は同じ建物中に生活協同組合その他の組合等と共にあって、同建築物の一部を使用するに過ぎず、ために閉鎖を行わず財産保全は単に手帳に机などの物品を記載したのみ。又九日は同所創立一周年記念にも当るので「大韓民国万才」と大書せる幟りも見られ、よそ眼には少しも平素と変わらぬように見受けられる。またこれら団体の今後の行動如何について元副委員長の語ったところを要約すれば

元副委員長談

「要するに今回の日本国政府の措置は明らかに不当である。われわれはこれについて今後必ず正当なる輿論を喚起し、また署名運動等をも行い、合法的闘争を行うつもりである」

（一九四九年九月一八日付）

『葛飾新聞』は創刊当初は日本民主化のためのオピニオンリーダー的役割を目指していたが、一九四八年三月から一年間は『葛飾自治新聞』と改題して、脱政治的大衆化路線に軌道修正していた。一九四九年三月から再び『葛飾新聞』に戻ったが、大衆化路線は踏襲された。それなのに一九四九年には、これほど数多くの政治色の強い出来事が紙面をにぎわせている。日本の社会状況の縮図そのものであったのだろう。

一方で『葛飾新聞』は、区内の復興に向けた足どりもはっきりと記している。主なものは小中学

校、出張所、消防庁舎、郵便局、都営住宅などの公共施設建設、公衆浴場の開設、公園の整備、四ッ木橋架橋、葛飾運河（新中川）開削といった大規模土木工事などである。(10)

○「住宅申込に殺到す　家なき人々（定員の三〇倍）

深刻な住宅難に家なき都民唯一の頼み、都営住宅の申込受付は去る一七、一八、一九の三日間区役所建築課で行われた。申込者の殺到を予想して受付所を特設、郵便局員も出張整理に当ったが、申込に先だつ措置貯金（最低五〇〇円）も背に腹は変えられぬと、いずれも真剣な顔であった。この三日間本所支所の受付数は九九四名で宝くじに劣らぬ当選率、区内にも四月上旬頃には鎌倉町、木根川町に六〇戸完成する。一般（区内希望者）に開放されるのは鎌倉町一一戸、木根川町七戸で、この申込者は前者は三〇三名、後者は一九〇名と、いずれも定数の約三〇倍に及んでいる。この抽せんは各関係者立合の上、四月八日区外は都建設局、区内分は区役所で行われる」

（一九四九年三月二七日付）

○「問題の浴場愈々開く　湯にひたり歓喜の地元民

地元民の熱心な要望にこたえ、昨年九月六日総工費一四四、二〇〇〇円で本田組により宝木塚町四七五（京成お花茶屋駅前）に着工中であった公衆浴場（宝湯）は、その後種々の事情のため工期が意外に遅延、ために地元民の焦燥憤怒はもちろん区議会にまで発展、その都度速やかな完成が要請されていたことはすでに本紙々上でたびたび報道したとおりであるが、同工事もようやくこの程完成の運びとなり、去る二六日この竣工式が昭和合成化学工業所本田工場内に於て、関係者多数列席のもとに盛大に開催された。

高橋民生課長の開会の辞につぎ、区長の工事経過報告を兼ねた式辞、ついで石井協賛会長のあいさつの後、水戸都議、大塚議長、高木厚生委員長、本田警察署長代理ら各来賓の祝辞があって、いよいよ去る二八日初開場をしたが、いままで堀切、関屋方面まで入浴に出かけねばならぬ不便をかこっていた地元民の不自由も解消され、木の香新しい湯にひたりながら利用者達は喜んでいる」

（一九四九年六月五日付）

○「葛飾運河　当区内開さくは四年後　新放水路工事着工？
江戸川は戦前終了　波乱呼ぶ土地買収
中川両岸地帯を水魔より永久に救うための工事として、中川と江戸川を結ぶ新放水路開さく計画が戦前より進められていたが軍閥の横槍でおじゃんとなり、一昨年の水害で復活した新案も地元民の強硬な反対に新放水路開設懇談会を設け都関係局長等この説得につとめ、地元民の反対も空しく実現するであろうとの見方は本紙既報の通りであるが、いよいよ予算一四億四ヶ年計画案を本期都議会に上提、通過次第中川高砂橋際より江戸川区堀江町江戸川分岐点迄全長八キロ巾百米の小運河着工となるものとみられ、地元民の反対も全く望み薄になるのではないかとみている。
また江戸川地区は戦前既に土地買収済であり、着工は江戸川区より行われるものとみられ、高砂地区の開さくは四年後になる見込みで、本区に於ては土地買収をめぐり多少の波紋を投ずるのではないかとみられる」
（一九四九年七月三日付）

また次のような記事は、区民の心に明るい未来をイメージさせたであろう。

○「注目される葛飾開発計画！　臨時区会来月上旬か
顔合せ委員会一通り終了
五ヶ年計画を語る区長　条例審議の総務委員会」
（一九四九年八月二八日付）

○「国際プールや水の公園　葛飾振興開発計画
構想を語る高橋区長　構想はふる星の如く
成るか絢爛《けんらん》国際観光の葛飾」
（同一一月六日付）

西新小岩に建てられた都営住宅

高橋区長が葛飾新聞記者に語ったところによれば、この計画はスポーツフラワーセンターによる振興計画で、古橋（広之進）選手一行の渡米を記念する国際プールの設置、由緒ある堀切菖蒲園・小高園の宣伝規模拡大、江戸川・中川の桜による観光客誘致、水元に水の公園設置、葛飾運河など水上交通を利用した産業の発展を図る、というものだった。こうした計画の基にあるのは、区の財政を安定させるための自主財源確保という問題であったのだが、葛飾区民にとっては明るい話題となったであろう。

いつのまにか田んぼや畑の向こうに新しい大きな建物があらわれる、木造平屋の都営住宅がいくつも建ち並び始める、新しい学校も次々とできる。区内のあちこちで復興のつち音が響いている。――我が家の生活は相変わらず食料調達に追われているが、周りを見れば少しずつ新しいことが始まっている――それが一九四九年の庶民の実感であったろう。

一九四九年一月二三日の総選挙の時には、区内投票者八〇、七三二票のうち三一、九八八票（三九・六％）を革新系候補者に投じた葛飾区民だったが、『葛飾新聞』や自分の目や耳を通して、区内の〝激しく闘う〟一群のことや、同時に復興に向けた歩みを知ることができたであろう。一九四九年は、世の中がどういう方向に進んでいくのか、多くの区民が冷静に成りゆきを見つめていた年だったように思われる。

そしてすべての日本人もまた厳しい経済の立て直しが進むなか、平和と安定を求めながら世の中の動向を静かに見ていた――これが一九四九年という年だったのではないだろうか。

注

（1）『日本の歴史36　戦後改革』。

（2）一九四五年九月一〇日　ＧＨＱ、「言論及び新聞の自由に関する覚書」発令
　　九月一一日　東条英機ら三九人の戦争犯罪人の逮捕を命令
　　一〇月四日　ＧＨＱ、「政治的・市民的及び宗教的自由に対する制限の撤廃に関する覚書」発令
　　一一日　マッカーサー、新任挨拶の幣原首相に五大改革を指令

一三日　「国防保護法」「軍機保護法」「言論出版集会結社等臨時取締法」など廃止の件公布
二二日　GHQ、「日本教育制度に対する管理政策」を指令（軍国主義的・超国家主義的教育を禁止）
一一月六日　GHQ、「持株会社解体に関する覚書」を発表（財閥解体）
九日　GHQ、「農地改革に関する覚書」を発表
一二月一五日　GHQ、「政府の国家神道扱いに関する覚書」を発表（神道指令）
一七日　衆議院議員選挙法改正（婦人参政権確立）
二二日　労働組合法公布
二九日　農地調整法改正（第一次農地改革）
三一日　GHQ、「修身・日本歴史及び地理の授業停止と教科書回収に関する覚書」を発令
一九四六年一一月三日　日本国憲法公布

（3）中村政則「占領とはなんだったのか」『占領政策の転換と講和』。
（4）吉田内閣は政権の安定をはかるため、法的な整備も怠らなかった。一九四九年四月四日には「団体等規正令」を公布、九月一九日には「人事院規則」を制定して公務員の政治活動を制限した。また一九四八年から一九四九年にかけて、占領軍の積極的な指導によって全国四〇の地方公共団体に「公安条例」が制定された。
（5）中村政則「占領とはなんだったのか」『占領政策の転換と講和』。
（6）鳥井守幸「「九坪の夢」――焼け跡バラック脱出の〝マイホーム渇望元年〟」『毎日グラフ別冊　戦後にっぽん4　サン写真新聞・昭和二四年』。文中には空襲による全焼・半焼・一部焼失の被害家屋二四七万七九六〇戸、家を失った人の数　九七〇万人、と書かれている。
（7）伊藤悟「保守勢力の再編と吉田内閣」『占領政策の転換と講和』。
（8）日本紙業亀有工場跡地は、現在ショッピングモールアリオ亀有となっている。
（9）一九四九年四月四日、ポツダム政令として公布・施行し、軍国主義、極端な国家主義、反民主主義の性格をもつ団体が法務総裁の指定により解散させられた。政治活動を行うすべての団体に全構成員の氏名・経歴など

届出を義務づけた。この解散規定で朝鮮人連盟、全労連の解散がなされた。（『復興から高度成長へ』）

（10）復興関連記事のタイトルを抜き出してみると、以下のようになる。

「七中落成式」（上平井中）（三月一三日付）
「校舎建築は順調　四ツ木橋工事促進に都へ意見書」（区議会）（四月一〇日付）
「五〇〇円で当てた新居　幸運の二六世帯（都営住宅）」（四月一七日付）
「十五中亀有起工式」（亀有中）（四月二四日付）
「竣工一年後に落成式」（区役所新庁舎）（六月一二日付）
「町民の協力で遊園地　喜ぶ本田北町のこども達」（同）
「四ッ木橋工事再開　竣工は二六年度一ぱいか　益谷建設大臣　起債認可を言明」（六月二六日付）
「堀切小谷野分校上棟式」（六月二六日付）
「区内随一の公衆浴場誕生」（七月三日付）
「都営住宅一七五戸　六ヶ所に来月初旬着工」（七月一〇日付）
「支所第三出張所落成式」（同）
「旧奥戸橋沿革史」（奥戸橋落成）（八月一四日付）
「各校教室復旧建設計画」（八月二八日付）
「水管敷設替（市川新道）堀切方面一帯に朗報」（一〇月二日付）
「新宿支所庁舎棟上げ」（一一月二〇日付）
「末広校増築起工式」（同）
「第一出張所落成」（一一月二七日付）
「十四中落成」（小松中）（一二月四日付）
「排水工事着々進捗」（同）
「水元消防所庁舎着工」（一二月一八日付）
「小谷野分教場起工」（一二月二五日付）

参考文献

大江志乃夫『日本の歴史36　戦後改革』小学館、一九七六年。

歴史学研究会『占領政策の転換と講和』青木書店、一九九〇年。

毎日新聞社『毎日グラフ別冊戦後にっぽん4　サン写真新聞・昭和二四年』一九八九年。

下川耿史『増補版　昭和・平成家庭史年表』河出書房新社、一九九七年。

東京焼け跡ヤミ市を記録する会『東京闇市興亡史』草風社、一九七八年。

戦争のつめあと——戦争未亡人

戦争は、数知れぬほどの不幸を生む。けれども、戦争がすべての人を不幸にするかといえば、そうではない。戦争は、人を平等に不幸にするわけではない。

敗戦後の一九四五年後半から四六年、四七年頃までは、海外からの復員や引揚げなどが続き、占領下に置かれた日本社会は混乱の極みにあった。食べるものがない、着るものがない、住むところがない、働くところがない、もちろん金もない——こうしたことが誰にも当たり前の世の中だった。国土は荒れ果て、命を長らえることだけで精一杯の人々が巷にあふれ、すさんだ気持ちをかかえて生きる人も多かった。焼跡、闇市、すし詰めの買出し列車、粗末なバラックの家などが、この時期を象徴するといってよいだろう。

けれども一九四八年頃になると、こうしたアナーキーな情況は少しずつ沈静化してくる。政治的な混乱や衣食住の不足は相変わらず続いているが、工業、農業、漁業といった生産活動が再開され、秩序も回復してくる。

そして、社会が落ちつきを取りもどすにしたがって、一九四九年頃から戦争が残した深い傷あとがクローズアップされてくる。戦争未亡人、[1]戦争孤児、戦傷病者（傷痍軍人）の存在がそれである。世の中の人々が生活の再建、再出発に向けて歩み始めている時、この三者を取巻く環境は厳しいものがあった。

一九四八年二月の調査では、全国の孤児総数は一二万三五〇四人、うち三万八〇〇〇人ほどが戦災・引揚げ孤児だった。[2]東京都の孤児総数は五八三〇人、都内の児童保護施設に収容された浮浪児の数は、一九四七年一月までに二八〇〇人余りにのぼっていた。[3]また戦傷病者は、敗戦時二九万五二四七人を数えた。[4]

ＧＨＱの指令によって一九四六年九月に「生活保護法」が公布されると、四六年、四七年に保護を必要とする人は二七〇万人～二九〇万人にも達した。この法は旧軍人や遺家族への優遇を否定して、無差別平等を原則とした。そのため戦争未亡人や孤児、戦傷を負った者たちへの支援は、戦時体制下とはうってかわって行届かなくなり、彼らの生活はひときわ苦労の多いものとなった。

ここでは三者のうち、戦争未亡人たちの戦後を追ってみたい。

『葛飾新聞』に未亡人関連記事が初めて載ったのは、一九四八年一一月七日付号のことである（この時の紙名は『葛飾自治新聞』、一四一ページ参照）。

この「区内未亡人慰安激励大会開く」の記事は、葛飾婦人協会が区内在住の未亡人二〇〇〇余人のうち幼い子どもを持つ未亡人たちを招待、慰安激励の会を催す、というものだった。それが一九四九年九月になると、未亡人自身が主体となって活動を始めている。

○「生ける人権の上に力を結集　未亡人同盟葛飾支部結成近し
一家の柱石を失った未亡人達の個々の更生力は、有為転変《ういてんぺん》の冷い現実にはあまりにも弱く、苦悩の果、自暴自棄となって転落の道をたどる者の数も増加の一途にある。この期にあって生きる人権の上に力を結集し、生活の向上安定を図ろうと、上平井町二〇四五山本きみ子、近藤喜美江さんらが発起人となり、区内三〇〇〇名の未亡人に呼びかけ、東京都未亡人連盟葛飾支部を結成すべく、前記山本さん宅を事務所として準備会が設置され、すでに入会した五〇余名の会員とともに活発な動きをみせており、これが結成も間近いものとみられている。なお同会ではこの第一回基金募集演芸の夕を、きょう午後七時から上平井小学校に於て催する」

（一九四九年九月一八日付）

○「〝明るく生き抜こう〟　未亡人同盟支部結成に努力
〝明日を明るく生き抜こう〟と未亡人同盟葛飾支部結成に鋭意努力をかたむけている同準備会（上平井町二〇四五）では、既報のとおり一八日午後七時から上平井小学校講堂に於て基金募集演芸大会を催した。山本きみ子女史のあいさつの後、直ちに演芸にうつり、途中高橋民生課長、町山区議会議長のそれぞれあいさつがあり、漫才、女流浪曲、ジャズ漫才、楽団ニュートウキョウの演奏による唄と踊り等、数々の演芸に満員の会場はしばし爆笑と哄笑の渦巻に包まれ、一〇時半盛会裡に幕を閉じたが、今後の抱負について山本きみ子女史は語る。

「来月初旬発会式を行い、実践に乗出すつもりだが、まず会員はもとより一般の職業あっ旋、授産場、母子寮、結婚相談、消費組合、託児所等を設置したい。各婦人会や町の有力者の方々のご協力を要望すると同時に、進んで参加申込をしていたゞき、お互い励まし合って明るく生き抜きたい」

（一九四九年九月二五日付）

記事にある東京都未亡人同盟は一九四九年六月に結成されており、この年は各県単位の未亡人会の結成が相次いでいた。

戦争の後、夫を失った女性たちは、全国にどれほどいたのだろうか。「戦争未亡人と遺族会・未亡人会」（『植民地と戦争責任』）には、「一九四七年五月の地方公共団体の緊急報告にもとづく推計値」として、次のような数が示されている。

全国未亡人数	一八八万三八九〇人
一般未亡人	一三一万七四八五人
戦没者未亡人	三七万一四〇六人
戦災者未亡人	一一万二一〇五人
引揚未亡人	八万二八九四人

そしてこのうち後三者（戦没者・戦災者・引揚未亡人）の合計五六万六四〇五人（全国未亡人数の約三〇％）を、「戦後はこの三者を合わせて広く戦争未亡人と呼ぶことが少なくない」と書かれている。(5)また東京都には、一九四九年一月の調査で一六万六二七六人（一般・戦争未亡人の総数）の未亡人がおり、葛飾区には約二〇〇〇人から三〇〇〇人（同）の未亡人がいた。(6)

当時彼女たちの置かれていた状況は、次のようなものだった。

「戦時中私たちは、社会から「誉《ほまれ》の家」とか「栄誉の遺家族」とかいって、もてはやされた。戦没者を出さない、一般の家庭より、一段高い地位にあるかの如く見られ、自分もまたそれを無上の光栄のような錯覚におちいっていたのだった。労力が不足だといえば、青年団や婦人会、時にはいたいけな小学生までが勤労奉仕の旗を立てて手伝ってくれた。（中略）品物の乏しいとき配給は優先的だった。それがどうだろう。終戦のとたん事情が一変して、社会は私達を弊履《へいり》の如く（※やぶれたぞうりのように↓惜しげもなく）捨て去ってしまった。路傍の石のように、社会から完全に黙殺されたのが現実の私たちの姿なのだ」(7)

「もう主人は永久に帰らないと判った昭和二二年五月六日は、ついに希望の灯火の消え去った日だった。なかば諦めていたのだったが、私ども母子の目の前は、この日から真っ暗になってしまった。一時は淋しさ、悲しさのあまり、自暴自棄的にさえなった。引揚者、引揚者とばかりいって、その人々に対しては色々と援護の方法が講じられて行くのに、もがいている私ども母子をなんら顧みて下さらない国を、当局をのろいもした。だが、これが敗戦の現実なのであろう。うらみつつあきらめつつ、また二人の娘をどうして育てよう、なんとでもして自分の力で立派に育てよう、これが唯一の生きる希望だった(8)」

「あの人と一緒に暮したのは、たった五ヵ月だったモ。(中略)未亡人になったとなれば、世間の人達まるっきり勝手なことというもんだナス。中には「いっそのことじさまと一緒に(夫婦に)なったらよがんべェじェ」とまでいった人もあったという話だったマス。冗談にいったことだべども、中にはそんな目で見てる人もあったんだべナス。なんべん家を出るべ、と思ったかわからねェナス。トミは今もいうナス。「かっちゃ(おかあさん)泣いて家出て行くのさ、オレも泣きながら暗いところ追っかけて走って行ったたっけナ」って。トミ抱いて外さ出て、家の中さ入りかねて、外さ立って一時間も二時間もすごしたり、あと、よその木小屋さ一晩寝て朝早く入って朝飯炊いたことも一度や二度でなかったナス。他所さ日手間取り(日雇)に行って遅くなって帰って来ると、「戦死者の妻のくせに夜遅くだらしねェ」って、入口さ棒かって中さ入れられねェことも有ったたっ たンス。(中略)それでも、この娘一人前にするまでなんとしたってオレがまんし通さなければならねェ、と思ってばかりがん張ったノス(9)」

婦人雑誌や機関紙に掲載された手記や農村での聞き書きからは、未亡人となった妻たちが直面したさまざまな苦労が浮かびあがる。

農村では家のために離縁されたり、夫の弟と再婚したりすることもあった。実家に跡継ぎがいれば戻ることもできなかった。

町場の未亡人たちは現金を稼いで暮らしを立てねばならなかったが、職業経験も乏しく、安定した収入を得ることは難しかった。教員や事務員、タイプ、和洋裁などの仕事は恵まれた方で、内職、かつぎ屋、露天商、接客婦、炊事婦、家政婦、寮母、留守番、保険外交員、日雇人夫といった仕事や、店の下働きをする雑役婦などが多かった。なかには大勢の家族を養うために、収入のよい水商売を選ばざるを得ない者もいた。復員や引揚によって男たちが仕事に復帰し、特別な技能を持たない未亡人たちは、より低賃金の仕事へと追いやられていったのである。

未亡人たちには〝世間の目〟という圧力も強かった。一九四八年に雑誌『婦人』が三五人の未亡人に「一番切実に感じていること」を書き込んでもらった結果、「貧困の未亡人に多少恩をかければ、男性の気まゝになると思う世情を情なく思う」「未亡人として特別に扱うことを一番不満に思う」「ことさらに声をたかめて周囲が未亡人を意識させることはやりきれない。ごく普通に協力して下さい」「何かにつけて世間の人が特別な目で未亡人だからと看視するようなことが一番不満に思う」「社会は未亡人の弱い生活に対し何らの対策はせずに、小説などには面白半分に未亡人を扱っているのは不満です」と答えている(10)。

「面白半分に未亡人を扱っている」というのは、敗戦直後に乱発されたカストリ雑誌が未亡人をエログロな小説に仕立てたり、卑猥な話題に結びつけて書き立てたりしたことを指す。

かつては「英霊の妻」「栄誉の遺家族」ともてはやし、戦後は一転して貶《おとし》める。未亡人たちは経済的には困窮し、精神的には孤立するような状況に置かれていた。当時の厚生省は、彼女たちが再婚すれば問題は解決する、程度の認識しかなく、援護は望めなかった。

こうしたなかで未亡人たちは、自然発生的に集まり始めたのである。

きっかけとなったのは、武蔵野母子寮の寮長牧野修二が「私達のことば」と題する文章をラジオ番組に投稿し、一九四六年二月に放送されたことだった。

「……私が営む母子寮には、戦時中実に多くウルサイ程に、新聞雑誌社や撮影所放送局や婦人団体や有名婦人とか篤志家等々が来訪した。彼等は遺族母子を慰問し激励し感謝し、ジャーナリズムのネタをとった。（中略）ところが戦争は終った。必勝の幻影は崩れ、夫の死は犬死と化し、彼女のせめてもの精神的拠点たる矜持《きょうじ》は急転落下した。遺族扶助料、軍事扶助など廃止の声は、最低生活の保障すら彼女に与えなくなった。失業の大波は彼女から職を奪い、インフレの嵐は僅かばかりの亡夫の生命保険金も、家財の戦災保険金も吹きとばして了った。喰うためには、彼女等は遺児の教育的影響を恐れ乍らもやむをえず手製の饅頭と芋とを売る姿を闇市場に曝しているのである。（中略）
新しき日本の建設愛と平和の社会実現のためには、寂寞と窮乏におののく彼女等母子に、心からの同情と職業とパンとを分ち与うべきである。更に進んで、彼女等の生活権の要求を支持応援すべきである。これは明らかに軍国主義の温存ではない。軍閥こそは敗戦と同時に遺家族を窮地に振り捨てたのだ。

今こそ、人道の戦士は起ちて遺家族救援に永久不変の愛を宣言せねばならぬ。遺家族援護に、知識と経験ある友よ。孤独と貧困に喘ぐ群に心寄する友よ。戦争犠牲者救援会を組織せよ。（以下略）」[11]

この呼びかけは大きな反響を呼び、一九四六年六月「戦争犠牲者遺族同盟」が結成された。この遺族同盟は未亡人たちを中心に、反軍国主義、民主平和日本建設などを綱領に掲げ、GHQの了解も得ていた。しかし一九四七年一一月、遺族同盟のあり方に不満を持ち反発したグループが分裂し「日本遺族厚生連盟」（現在の日本遺族会の前身）を結成した。そして全国各地で自然発生的に生まれていた遺族会は、この「日本遺族厚生連盟」の傘下に入った。

こうして「「戦争犠牲者遺族同盟」を出発点としながら、遺された妻たちを中心とする未亡人団体（一九五〇年一一月、全国未亡人団体協議会結成）の流れと、両親や兄弟を中心とする「日本遺族厚生連盟」の流れが生まれたのである。

この両者は同じ遺族でありながら、目指す方向性は全く違っていた。

未亡人たちは、子どもを養育し現在の生活を安定させること、仕事を得て経済的に自立することを強く望んだ。また母子寮や託児所など母子の福祉を求めた。戦争によって未亡人となった人々には、戦争を憎み厭《いと》う気持ちが強く、それが平和への願いに結びついた。

一九四九年六月結成の「東京都未亡人同盟」の綱領は、こうした心情がベースにあることを示している。

一、私達は、未亡人の生活苦悩を共に慰め、生活再建を共に励まし、扶《たす》け合いませう。
一、私達は、自主的に団結した力を以て、生活権の実際的な確保を得ませう。
一、私達は平和日本の確立に努めて、戦争による汎《あ》らゆる害悪から、永久に子孫を護りませう。
一、私達は、封建性が全くない、自由、平和博愛の民主的日本を打ち立てませう。
一、私達は、お互いの政治的、思想的、宗教的自由は尊重すると倶《とも》に、一党一派に偏せず野心家の利用を排しませう。(12)

一方「日本遺族厚生連盟」が求めたのは経済的なことよりも精神的なこと、特に〝英霊の名誉回復〟を強く望んだ。国のために犠牲になった戦死者たちに対し、占領下にあっては日本政府も国民も冷淡だった。戦時には〝名誉の戦死〟と祭り上げていたのに、敗けてしまえば〝犬死〟と切り捨てる。遺族は空しく淋しい思いを抱えることになった。戦没者の死を意義あるものとし、英霊は国家によって顕彰されるべきである――これが「日本遺族厚生連盟」に参集した人々に共通の願いであった。彼らはそのために、GHQが廃止した恩給制度の復活や靖国神社の復権を主張し、国会議員や議会への働きかけも積極的に行った。また、全国各地の遺族会では、地域ごとに慰霊祭を行ったり、新しく忠魂の碑を建立したりするなどの活動が多くみられた。(13)

こうしてみていくと、同じ遺族でも未亡人たちは「生活」という現実的な救済を、親や兄弟たちは「慰霊」という精神的な救済を求めたといえよう。戦後日本が〝戦死者を悼む〟ことと、どのように向き合ってきたのかについては、他の章で詳述したい。

さて、葛飾区内で未亡人会が正式に発足の運びとなったのは、一九四九年一一月二〇日のことだった。

○「〝未亡人の救済を〟黄色な雄叫び萃《すい》（※萃：あつめる）と散って　同盟支部盛会裡に結成

会員相互の扶助により、現下山積する物心両面の苦難を乗越えて、明日の希望を胸に明るく雄々しく生き抜こうと、この程島淑子さんを支部長に東京都未亡人同盟葛飾支部（事務所上平井町二〇四五山本きみ子さん方）が誕生することになり、二〇日午後二時から区役所講堂に、会員、来賓ら関係者多数列席して盛大な結成大会が挙行されたが、稀にみる名士連の顔合せで、多分の政治色が含まれているやの見方もされているが、初期目的達成をめざし同団体本来の姿での努力が望まれている。

花に集う名士の群れ

この日まず伊藤はつさんの開会の辞に始まり、島準備委員長のあいさつ、近藤喜美江さんの経過報告、遠藤千代乃さんの規約審議の後、役員選出（支部長島淑子、副支部長伊藤はつ、山本きみ子、加藤哲、大内静さんらを決定）、〝ひとりでもいまわしい風評を立てられることのないよう、みんながっちり結束して、未亡人問題解決に挺身したい〟と島初代支部長の力強いあいさつがあって、趣意書を朗読、高橋区長、ダイヤモンド社石山社長、河原判事、衆議山口シヅエ、参議紅露みつ、同深川たまえ、町山区会議長、稲葉厚生委員長、警察、熊木虎三、島上善五郎、室岡中原婦人会長、同盟本部横山、位下、久保田女史ら多数の祝辞が相ついで行われ、厚生、通産両大臣、桜内参議からの祝電披露などで、会場は終始緊張した婦人の意気ケンコウぶりを見せ、四時半閉会。つゞいての演芸にホッとひと息。和気あいあいのなごやかな空気の裡に誕生を祝福した」

（一九四九年一一月二七日付）

「東京都未亡人同盟葛飾支部」は、区長、女性議員、区議会議長などの名士を集め、厚生・通産両省大臣からの祝電も届いて華々しくスタートした。

その後は、一九四九年一二月と一九五〇年一月に次のような記事が続く。

○「未亡人同盟　分会結成

さきに結成発足した都未亡人同盟葛飾支部では、未だ準備期とてその後格別な活動も見受けられず、各分会の結成をまって活発な運動も展開されるものと期待されているが、まずきょう一八日正午から末広校において金町分会、同午後二時から新宿一丁目法蓮寺において新宿分会のそれぞれ発会式が行われる」

（一九四九年一二月一八日付）

○「未亡人問題打開に努力　同盟葛飾支部長　島淑子

戦後第五回目の新春を迎えましたことを皆様と共に心からお慶び申します。昨年一一月さゝやかに発足しました未亡人同盟も、皆様方の心からなるご援助の下に新しい年を迎えました（中略）未亡人の問題は大きな社会問題ですが、いかなる救済策も個々の未亡人がしっかり自覚しなかったなら、どんな対策も画餅《がべい》に帰してしまいます。未亡人同盟は世の荒波に比して自己の弱さを自覚した未亡人同志が相寄り相扶けてゆくための団体です。私はこの意味で同盟の発展を願うものですが、同時に未亡人である私達個人の行く手がいかに茨の道であるかを、お互いにはっきり自覚していたゞきたいと思います。私達未亡人を救うものは私達自身しかないのです。襲いかかる虎を小〇ほどにも認識出来ないお互いではないでしょうか。〃一念岩をも徹す〃覚悟をしっかり胸に抱きしめたいと存じます」

（一九五〇年一月一日付）

組織の大きな未亡人団体は母子の生活支援を軸に、職業訓練、更生資金や育英資金の貸付、慰安行事などを行った。小さな町の未亡人会は「こまかな身の上相談や生活のことや育英の事、税金の苦しさ内職や就職の希望、住宅や再婚のことまで数限りない相談まで心の底を打ちわって話し合い、お互いに結ばれなぐさめ合」った。初めのころ、彼女たちは人には分かってもらえない悲しさを慰め合うために、風呂屋の二階座敷やお寺などに集まり、泣き合ってばかりいたという(14)。

農村でも事情は同じだった。

「戦死した家、皆気の毒だったナス。オレばかりでなくナス。オレより苦労した人、まだまだいっぱいいるべモ。アン、未亡人達で集って話するとき、「何面白くて生きているだ。オラも一緒に死んだ方えがったなぇ」って泣きながら話する人もハあるっけナス。そだども、そんなこと、ほかの人さはしゃべられねぇことだしナス(15)」

葛飾区内の未亡人たちの心情も、似たようなものであったことだろう。「東京都未亡人同盟葛飾支部」は結成されたものの、具体的にどのような活動をしていたのか、詳しいことは分からない。保存されている『葛飾新聞』（一九五二年五月まで）には、以下の記事が一件あるのみである。

○「〝未亡人慰安と激励の会〟

か弱い女手一つで社会の荒波と闘う未亡人の慰安と激励の会が、東京都未亡人同盟葛飾支部（会長大内静さん）と区の共催で四日午後六時半から区役所講堂に開かれ、支部の経過報告、役員紹介の後、本年事業計画として未亡人に対する授産斡旋、身上相談などを決定、高橋区長、石井区議、石毛民生福祉協会長から激励の挨拶があり、終って柳家三亀松一行の演芸に興じるなど、講堂を埋めつくす盛況であった」（一九五一年八月一二日付）

一家の嫁という立場にあった女性たちはみな若く、社会経験も乏しかった。話し合いをしたり、考えをまとめあげて当局に要望したりすることは、ことのほか大変なことだった。未亡人たちが集まっているというだけで「赤だ」というような誹謗や、いわれのない噂がまことしやかに流されるなど、世間の目はうるさかった。そうしたことから未亡人会への参加をためらい、「日本遺族厚生連盟」の婦人部に所属するケースなどもあり、未亡人会の活動は活発だった地域もあれば、そうでない地域もあった。葛飾支部では同じ境遇の者同士が、互いに慰めあったり励ましあったりしていたものと思われるが、活動が活発であったかどうかは不明である。

未亡人たちは経済的な苦労を背負いつつ、こうした〝世間の目〟という圧力を身に受けながら生きた。それをある人は耐え忍び、ある人は嘆き、ある人は闘った。彼女たちを支えていたのは、人に頼らず生活する、人に後ろ指さされずに生きる、残された子どもを立派に育てる、というプライドであった。

「母と子には淋しく悲しい道程でした。でも私は幸せでした。息子という生甲斐がありましたから……。私は父親の分まで厳しくしました。息子はだれにも言えないつらい思いをしたことでしょうに何一つ不満も言わずに私を力づけ、明るく思いやりのある優しい人間に育ってくれました。これも私の力ではない、亡き夫が常に息子を守ってくれたんだと信じ、夫に感謝し、息子に冷たかった母を許してと心で詫びております[16]」

「子ども達皆苦労したけども、丈夫で大きくなってくれたことだけお蔭様だったナス。（中略）今まで、まるっきり男だか、おなごだかわからないくらいきかなく（強気に）なって来たったども、この苦労とうさんどこかで見ててくれたら、ほめてくれるだろなァ、と思ってナス。世間の年寄り達、「戦死者の妻というもの、ただの後家と違って、ひとに後指さされないようにするの夫へのつとめなんだ」っていうども、今オレ、その人達さ、「この通りやったマス」って大声でいってやりたいような気がするナス[17]」

子どものいない未亡人は籍を抜いて再婚し、新しい人生を歩み出すこともできたが、子持ちの未亡人たちの多くは、我が子の成長だけを心の支えに戦後を生き抜いた。

一九五二年四月二八日、対日講和条約が発効、占領は解除された。それに伴いＧＨＱが発した軍人恩給の廃止に関する法令はポツダム勅令であったため、占領が解かれるとともに効力を失った。すると、これを待っていたかのように二日後の四月三〇日、「戦傷病者戦没者遺族等援護法」が制定され、妻には一万円、子・父母・祖父母・孫には五千円の遺族年金が支給されるようになった。

その後、遺族への補償に関する法律は時代とともに増え、金額も増額されていった。そして世の中の景気がよくなったり、子どもたちが成人に達したりするにつれて、未亡人たちを取り巻く環境も少しずつ落ち着いていった。

一九四五年の敗戦以降、日本の社会は新たな戦争未亡人を生み出していない。そして未亡人会の精神は、夫を亡くした、あるいは離別した母子の福祉に引き継がれ、現在に至っている。

最後に、戦争によって父親を失った子どもはどのような思いで戦後を生きてきたのか、話を聞く機会を得た。

葛飾区高砂在住の清水祺《よし》子さんは、一九四一年（昭和一六）高知県で生まれた。一歳の時父親が出征、そのまま生きて帰ることはなかった。戦後は母親が実家の仕事を手伝うようになり、経済的には恵まれていたという。

「敗戦後、父親の戦死が確定した後の一時期、母親の実家で大勢で暮らしたことがあったのですが、その時を除けばいつも母親と私だけなので、〝家族〟という感じではないのです。母は私を育てることを生きがいとしたと思いますが、期待が一身にかかるので、重く感じることもありました。現実的なことでは、現在母は九〇歳を超えて一人住まいが難しくなり、高知の介護付き老人ホームで暮らしていますが、私がたった一人の子どもとして遠距離介護に通っており、母を残して先に死ぬわけにはいかない、と切実に思います。子どもの頃から母親から自由になれない精神的な重圧があり、時には弱音を吐きたくなることもありましたが、所詮、口にしても詮無く、逆に母親を苦しませることになりかねませんから、ずっと胸にしまって来ました。

父親がいないという欠落感はずっとありました。母子家庭であるが故の差別もたくさん経験しました。もし父が生きていれば――と、つい考えてしまうのです。母の人生も、私の人生も違ったものになっていたでしょう。それは戦争がなかったなら――ということにもつながります。あの戦争さえなければ父は死ぬことはなかったのに、と思わずにはいられません。これは病気やけがで父親を亡くした人とは別の感情だと思います。私自身のなかに戦争の残した傷あとがある、と自覚しています」

現在清水さんは夫と三人の子ども、三人の孫に囲まれて生活しているが、戦争が終わって七〇年近い年月が流れてもなお、心に消えない痛みがある。戦争のもたらしたつめあとは、人の心の奥底にとどまって、容易に消えるものではない。

注

（1）『戦争未亡人　被害と加害のはざまで』には、「「未亡人」という語は『大言海』（大槻文彦編、冨山房、一九八二年）によれば中国の古い熟語で〝夫ト共ニ死スルベキニ、未ダ死ナズシテアル意〟。夫死して後に遺れる妻、元来自称なるべし。今誤りて、多くは他より敬称の如くに用いらる」とある」と語源が説明されている。現在では夫を亡くした女性に対して寡婦《かふ》という言葉を使うこともあるが、ここでは当時の呼び方にならって「未亡人」の用語を使用する。

（2）『引揚援護の記録』施設内外の総計。

（3）『援護と慰霊のあゆみ』。故福島政一《まさいち》氏は戦後、戦争孤児など身よりのない子どもたちを葛飾区木根川町（現東四つ木一丁目）の自宅に引き取り保護、一九五〇年には戦災孤児等を養護する施設「希望の家」を開所した。この「希望の家」は劇作家菊田一夫の作品「鐘の鳴る丘」（ラジオドラマ）の葛飾版とも称され、菊田本人も取材を兼ねて慰問に訪れた。「希望の家」は現在も児童養護施設として存続している。

（4）『昭和20年・1945年』。『東京都傷痍軍人会十周年史』には、一九六二年段階で葛飾支部に二二二人が所属していたことが記録されている。その傷病部位には、顔面骨折、両耳難聴、右眼貫通、手指離断、上膊《はく》（うで）切断、膝関節爆創《そう》（きず）、右胸盲貫、右全趾《し》（足の指）切断などの記載がある。

（5）「未亡人調査一覧表　厚生省児童局保育課」『日本婦人問題資料集成　第6巻　保健・福祉』。

（6）『葛飾新聞』掲載数による。正確な人数は不明。

（7）『戦後の出発　文化運動・青年団・戦争未亡人』一九五〇年一月、婦人雑誌掲載の手記。

（8）『未亡人たちの戦後史――茨未連『母子草』から――』一九五〇年一一月、茨城県未亡人連盟機関紙掲載の手記。

（9）『あの人は帰って来なかった』岩手県下の農村未亡人よりの聞き書き。

（10）『戦後の出発　文化運動・青年団・戦争未亡人』。

（11）『日本婦人問題資料集成　第6巻　保健・福祉』。

（12）北河賢三「戦争未亡人と遺族会、未亡人会」『植民地と戦争責任』。

(13) 葛飾区で「日本遺族厚生連盟」傘下の遺族厚生会葛飾支部結成の動きが『葛飾新聞』に登場するのは、一九五〇年一二月一〇日付号「活発化す　援護活動　遺族厚生会葛飾支部結成準備会開く」

(14) 『戦後の出発　文化運動・青年団・戦争未亡人』長野県篠ノ井町未亡人会のケース。

(15) 『あの人は帰ってこなかった』。

(16) 『援護と慰霊のあゆみ　戦後五〇周年記念』戦没者の妻の手記。

(17) 『あの人は帰ってこなかった』。

参考文献

川口美恵子『戦争未亡人　被害と加害のはざまで』ドメス出版、二〇〇三年。

引揚援護庁長官官房総務課記録係編『引揚援護の記録』引揚援護庁、一九五〇年。

藤原彰ほか『昭和20年・１９４５年』小学館、一九九五年。

東京都福祉局生活福祉部援護福祉課編『援護と慰霊のあゆみ　戦後五〇周年記念』東京都、一九九五年。

早川紀代編『植民地と戦争責任』吉川弘文館、二〇〇五年。

一番ヶ瀬康子『日本婦人問題資料集成　第6巻　保健・福祉』ドメス出版、一九七九年。

北河賢三『戦後の出発　文化運動・青年団・戦争未亡人』青木書店、二〇〇〇年。

鈴木聿子『未亡人たちの戦後史——茨未連『母子草』から——』筑波書林、一九八三年。

菊池敬一・大牟羅良『あの人は帰ってこなかった』岩波書店、一九七六年。

田中伸尚ほか『遺族と戦後』岩波書店、一九九五年。

Ⅳ．見えない戦争

――一九五〇年（昭和二五）

朝鮮戦争と葛飾

敗戦から五年目、一九五〇年が明けた。

『葛飾新聞』一月一日付号には、葛飾区長の次のような年頭の挨拶が載った。

○「年頭の感　捨てよう葛飾時間　葛飾区長　高橋佐久松

新春にあたり、区民各位に謹んで新年の御祝詞を申上げます。振り返って二四年を回顧してみますと、いわば生みの悩みの年であったともいえましょう。かなり苦難の多い道を歩み続けましたが、漸く軌道に乗って走り始めて年を越し、新春を迎えた勘定になりましょう。さて今年は一つ良い年にしたいものです。一九五〇年と申せば二〇世紀の真ん中、世紀の後半に入る出発の年ということになります。何かしら特異の味をもって年廻りの感激を覚えます。きっと何かしっかりしたことが出来そうな心地が湧き出てくるではありませんか。

葛飾時間ということをよく聞かされます。会合などの開会定刻が一時間位遅れるのが普通の沙汰で、時には一時間半、それ以上もおくれて開会になることとさえあるのです。腹立たしくなったり、仕事の計画や生活設計が目茶苦茶になることが度々あるとしても、これが自慢にならぬ郷土時間とあっては、微苦笑しながらこれに従がうの外処置なし、というのが従来の状態であったでしょう。時は金なり、とは古い言い分でありながら新しく生きている至言であります。時代は能率本位を強く要求しているのです。

お互いに時間を守りましょう。時間一ぱい能率をあげて働きましょう。そして二〇世紀の後半史の第一頁から、葛飾時間の慣習を捨てようではありませんか。これが私の希望が持てる昭和二五年の年頭における提唱であります」

区長のいう二四年（一九四九年）が〝生みの悩みの年〟〝苦難の多い道〟であったという感慨は、日本国内を吹き荒れた経済の締めつけ、そこから生じた区財政の舵取りの大変さを指しているのだろう。また昨年には、多数の労働者が赤旗を打ち振りながら葛飾区役所に押し寄せたり、主婦達が米を寄こせと押しかけてきたりもした。その時区長は押し問答の末ケガをし、逮捕者まで出した。そうした一連の苦い記憶も胸の底にあったことだろう。

しかし混乱の一九四九年を越え、区長のコメントは「何かしら特異の味をもって年廻りの感慨を覚えます。きっと何かしっかりしたことが出来そうな心地が湧き出てくるではありませんか」と前向きである。そして「お互いに時間を守りましょう。……葛飾時間の慣習を捨てようではありませんか」と呼びかけている。永く農村地帯であった葛飾区の人々の暮らし方は、いかにもゆったりとのんびりしていたということなのだろうが、それを年頭区民に呼びかけるというのもまた、のどかな話である。

さて一方、連合国最高司令官マッカーサーの年頭の辞は、以下のような緊張に満ちたものだった（『朝日新聞』一九五〇年一月一日付）。

○「総司令部発表全文

日本国民諸君

終戦後五度目の新年を迎えた今日、まぎれもなく一つの際立った事実が認められる。日本は技術的には今なお交戦状態にあるとはいえ、今日日本よりも平和な国はこの地球上に全く数えるほどしかないという事実である。（中略）

新しい年を迎えるにあたって、現在あらゆる日本人がひとしく不安にかられている二つの極めて重要な未解決の問題がある。その一つは中国が共産主義の支配下にはいったため、全世界的なイデオロギーの闘争が日本に身近かなのものとなったことであり、もう一つは対日講和会議の開催が手続にかんする各国の意見の対立から遅れていることである。こうした不安はまことに無理もないことであるが、これらの問題の解決は現在の日本の力ではとうてい手のとどかぬところにあり、したがってまたこれを直接日本の内政上の争いにもちこむようなことがあってはならない。これらの問題が解決されるまでの日本の進むべき道はすでにはっきり定っている。日本はただ憲法に明示された途を迷わず、揺がず、ひたすら前進すればよい」

そして、このようなことも付け加えた。

「この憲法の規定はたとえどのような理屈をならべようとも、相手側から仕掛けてきた攻撃にたいする自己防衛の冒しがたい権利を全然否定したものとは絶対に解釈できない」

この持って回ったような言い方の真意は、「日本国憲法は自己防衛権を否定しない」「他国が攻撃してきた場合は、自己防衛権の行使もあるうる」ということだった。同日の記事には「「マ元帥は日本国民が戦争に備えて再軍備したり、また軍隊を再建したりする権利をもっていると言うつもりは全然なかった」と民政局長のホイットニー代将はいっている」というアメリカ人記者のコメントも載せているが、この年の七月にマッカーサーの命令によって警察予備隊が創設されることを考えれば、日本の再軍備はすでに念頭にあったのだろう。

かつて彼は日本国憲法起草の際に、「国家の主権的権利としての戦争、および自己の安全を保持するための手段としてのそれをも、放棄する。日本はその防衛と保護を、今や世界を動かしつつある崇高な理想に委ねる。いかなる交戦者の権利も日本軍には決して与えられない」という三か条を強く要求したものだった（一九四六年二月）。

それから四年、世界の情勢は変化した。

アメリカとソ連はヨーロッパを中心に激しく対立するようになり、アメリカの共産主義に対する危機感は高まる一方だった。そこへアジアに中華人民共和国が成立した（一九四九年一〇月）。前年には朝鮮民主主義人民共和国も建国された（一九四八年八月）。他のアジア諸国も宗主国からの独立が相次ぎ、アジアの情勢は不安定になった(1)。

アジアの共産主義化を防ぐ——アメリカのアジア戦略がはっきりすると、対日占領政策は反共色を強めた。

すでに一九四八年一月にはアメリカのロイヤル陸軍長官が「日本を反共の防壁にする」と演説して、「民主化」「非軍事化」という占領政策の見直しが始まっていたが、一九五〇年に入るとそれが一層進んで激しいレッド・パージが始まった。

まずやりだまに挙がったのは、日本共産党と新聞、通信、放送などの報道機関だった。

六月六日、マッカーサーは日本共産党中央委員二四人の公職追放を指令、翌七日には『アカハタ』編集委員一七人にも公職追放の指令を出した。六月二五日に朝鮮戦争が始まると、次の日『アカハタ』は三〇日間の発刊停止、関連機関紙七六五紙が停刊となった。そして七月一八日になると、マッカーサーは『アカハタ』及び後継紙、関連紙の無期限発行停止を指令、さらに五六一紙が停刊となった。

こうしたレッド・パージは七月二八日には『朝日』『毎日』『読売』『日本経済』『東京』の各新聞社、『共同』『時事』の両通信社、『日本放送協会（NHK）』の八社にも広がり、従業員三三六人が突然解雇された。

読売新聞社は次のような社長布告を掲示した。

「連合国最高司令官ダグラス・マッカーサー元帥の昭和二五年六月六日、六月七日、六月二七日、七月一八日の指令ならびに書簡は、日本の安全に対する公然たる破壊者である共産主義者を言論機関から排除することが自由にして民主主義的な新聞の義務であることを指示したものである。このたび関係筋の重なる示唆もあったので、我社もまたこの際、共産主義者ならびにこれに同調した分子を解雇することに方針を決め、本日左記の諸君に退社を命じた。今回の措置は一切の国内法規、あるいは労働協約に優先するものであることを社員諸君はよく諒承の上、平静に社務に精励されんことを望むものであります。なお、これと同じ措置が同じ日、同じ時刻に全国の主要なる新聞通信放送会社で、一斉に行われていることを申しそえておきます(2)」

マッカーサーやGHQが新聞をはじめとする報道機関をいかに重視していたかは、占領当初まずこの分野に手を入れて、占領政策を浸透させる道具として支配下に置いたことからよく分かる。今度は反共を徹底させるために、再び新聞社がターゲットになったのだ。国民への直接的な影響力を考えれば、GHQや日本政府に批判的な分子は、まず初めに潰しておかねばならない――ということであったろう。

このレッド・パージによって、新聞をはじめとする言論報道機関では、八月下旬までに全国で五〇社、七〇四人が解雇された(3)。

地方新聞、新興新聞に対しても厳しい圧力が加えられたが、弱小地域新聞である『葛飾新聞』も例外ではなかった。一九五〇年五月二一日付『葛飾新聞』に次のような記事が載った。

○「マ氏区民紙育成を強張　関東ブロック会議開く　インボデン少佐は郷土新聞の味方

「地方自治こそ民衆の教場なり」の司令部当局の発表を耳にしてより既に四年有半、従来（戦前その他）の如きいやがらせ本位のゴロツキ新聞等々の横行の余波をうけ、民主主義の普及発達に不可分の原動力たる正しい郷土（区民）新聞の発達は、ともすると白眼視され棘の道でもあったが、本紙の一〇七号の発刊を先駆に都下十数紙それぞれ一応の進展を見せ、読者の認識協力が昂まりつゝあるとき、司令部当局に於ても米国の郷土新聞発行者（カンサス州ニュートン町ハヴェ・カウンティ新聞）ジョン・B・マックイシュ氏の総司令部民間情報教育局新聞課来任と共に日本郷土週間新聞育成に多大の関心が寄せられているが、その一環として去る一五日新聞之新聞（社長式正次氏）の肝入りに依る関東郷土新聞（共産党系及びゴロ新聞を除く）経営者（当区は本紙のみ）とJ・B・マックイシュ氏を囲む懇談会が放送会館に於て午後二時より開かれ、同氏より郷土新聞は郷土の発展に欠く事の出来ないものであると、その将来に対する指導と力強い鞭撻に接し、郷土新聞発展に必要な裏付けその他の協力方を約し、午後五時盛会裡に散会した。

日刊紙・週間紙は両立　郷土振興に不可分の要素

同懇談会は式新聞の新聞社長の挨拶（日刊紙の短所を突き、例へば二、三の日刊紙に牛耳られ、国家が支配され軍国主義或は共産主義に一変するのも郷土紙が弱いからであり、発展が望ましい）に始まり、米国より帰った読売紙渉外部長牧氏より日本のローカル紙は如何なる歩み方をしているのかの質問があり、続いて大野通訳を経てのマックイシュ氏対関東ブロック郷土紙経営者の大要次の如き質疑応答が行われた。

（問）中央日刊紙が地方版を出した場合、郷土新聞の将来、また何れが正しいか。

（答）現在出している郷土紙が将来性がある。郷土紙は地方の出来事を知る唯一の機関であり、日刊紙と併立する性質のものである。

（問）貴下の新聞に広告スペースは何パーセント使用するか。

（答）六五パーセント乃至《ないし》七〇パーセント取る。読者は五〇パーセント程度であり読まぬ人は土地の状況にうとい人である。

官庁新聞発行は不可
新聞は事業である以上儲らねば不可ないが儲っているか。米国の新聞の場合収入の三分の一が人件費であり、三分の一をその他の費用に当て、残りの三分の一が課税前の費用だ。之を無視した経営は破産する。今回の視察報の中にゴロツキ新聞を除く郷土新聞に最も沢山の用紙が割当てられる様、郷土新聞の発行者が米国に来られる様勧告する積りだ。官庁は新聞を出すべきでない（官庁新聞は納税で得た費用で発行するもの）。官庁で出している場合、新聞課に提出すればイ少佐は適当に処理すると想う。イ少佐は共産党及ゴロツキ新聞を除く皆さんとは友人であり味方である。自分も少佐の提案で日本に来たものであると種々の友情を示し、二時間余に亘り懇談した」

（一九五〇年五月二一日付）

また七月二日付号にも、以下のような記事が載った。

○「ローカル紙の使命と責任を　司令部で講演

二二日関東民事本部の要請で都内ローカル紙発行者が都議会議事堂に参集、本社よりも出席した。

総司令部関東民事本部民間報導部ウィリアム・ギルトナー部長、民事局民間報導課フレデリック・イェーツ課長、民間情報教育局新聞課ギャーレット氏（インボデン課長代理）三氏が出席され、新聞の倫理、ローカル紙の使命と責任に関し講演、懇談の後向後《こうご》の育成に関し協力を吝《おし》まぬと激励された」　（一九五〇年七月二二日付）

この二件の記事は、区政や区内の小さな出来事を扱っている『葛飾新聞』の通常の紙面からはやや唐突な感じがあるのだが、小新聞もGHQの監視下に置かれており、言うことを聞け、とクギを刺されていることがよく分かる。ローカル紙は政治的なことには口を出すな、命令に従わないと新聞用紙を割当ててやらないぞ、インボデン少佐(4)は共産党及びゴロツキ新聞を除く皆さんとは友人であり味方である、という脅しは弱小地域新聞社の背筋をひんやりさせたことだろう。

そして朝鮮戦争が始まって三ヶ月ほどたつと、今度は民主主義について子どもに教え諭すかのような記事が載る。

○「民主主義の意義（1）

民主主義の真の意義に就いて、総司令部関東地方民事本部民間報道部では次の様に寄稿された。

即ち民主主義の真の意義が往々、口先で民主主義を唱えても、実はその反対の反民主主義的、全体主義的な少数党派の宣伝と混合されている。民主主義は或る特定の政治型式以上のものであって、言わばわれわれの生活の一様式で、家庭生活の面にも日常の仕事の上にも、娯楽にも、宗教にも、政治にも、この主義独特の幾つかの性格がはっきり現われている一つの組織である。そしてその特殊性格には、次の様なものが挙げられる。

(1)民主主義において有用且つ貴重なのは個人である
しかし個人はその能力に応じ、社会に対して貴重な奉仕をなす義務がある。そして全部の民衆の結集された福祉のために自分の権利を従属させる。

(2)民主主義においては個人の機会均等及び同権がみとめられる
しかし個人は自己の正当な分前以上の権利や機会を期待しない。

(3)民主主義においては最善を最多数のためになすことを目標とする
しかし少数者の必要事に対しても適当な考慮が払われる。

(4)民主主義においては幸福な生活を営む意志の自由がある
しかし社会に容れられないような生活は幸福でありえない。

(5)民主主義においては個人がその欲する所に従い、卑しからざる生活を営むことは相対的に自由である
しかし個人は自己の生活を社会の安寧に寄与し得るものにしなければならない。

(6)民主主義においては言論は自由である

しかし何人も自己の所説の真理と公平に対して責任をとらねばならない。

(7)民主主義においては出版報道は自由である

しかし正確にして事実に則したもののみを活字にする様にしなければならない」

（一九五〇年九月三日付）

「民主主義の意義（2）」（一九五〇年九月一〇日付）（略）

「民主主義の意義（3）」（一九五〇年九月一七日付）（略）

この連載はGHQからの指示によってなされている。民主主義がいかに素晴らしいものであるかを、読者に認識させるためであったと思われる。

朝鮮半島での大韓民国（韓国）と朝鮮人民共和国（北朝鮮）との戦争は、本来ひとつの民族の紛争を解決するための内戦であった。しかし韓国にアメリカが軍事介入し、北朝鮮をソ連、中国が支援したことから、朝鮮半島を舞台に民主主義対共産主義の対決の構図が生まれた。『葛飾新聞』のような脱政治的大衆紙に突然民主主義の原則が登場した裏には、朝鮮戦争は民主主義防衛の闘いである、としたいアメリカの思惑が隠されている。

一九五〇年六月二五日に朝鮮戦争が勃発すると、GHQは戦争に関する取材ニュースを全て検閲し、内容によっては発表を禁じた。そのため日本の新聞は、厳しい規制をくぐり抜けた事柄だけしか記事にして報道することができなかった。(5)

『葛飾新聞』の場合には〝朝鮮戦争〟（当時は〝朝鮮動乱〟という言い方が一般的）に直接関係あ

る記事は一つもない。しかし、次のような記事は載った。

○「慰問人形つくりましょう

世界平和のため国連旗の下朝鮮で敢闘し傷ついた連合軍将兵を慰めようと、日赤日本支社で提唱の〝慰問人形〟つくり運動に、当区支部婦人会（代表者奥村佳子さん）が起ち上った。同婦人会では区内婦人たちに呼びかけるに先だち、三日午後二時から区会議室に各地区の支部長、岩城清子（下小松）岡本ミサオ（奥戸本町）山口敏子（上千葉）小林ふみ（水元小合）東平喜美江（西篠原）河野浜子（川端）柳沢菊代（青戸四）松見貴代子（立石）さんらが集り、奥村さんから〝人形〟のつくり方の手ほどきをうけたが、これら支部長さんらは早速会員に作り方を教え、二五日迄に五〇〇体の真心こめた人形を誕生させようと人形つくりの会を開催している」

（一九五〇年一〇月一五日付）

○「供血奉仕者に白ハート

ようやく（※しだいに）寒さの迫る朝鮮に、人類平和の戦いをつずけている国連軍に、感謝をこめた供血運動は日赤が中心となって都内にくりひろげられており、過日は高松宮殿下、またミス日本山本富士子さん、あるいは岡崎官房長官など、政界をはじめ各方面の人たちの供血奉仕に感激の綾が綴られ、血液銀行は一般供血者が毎日五、六〇名も押しかける賑わいを見せているが、日赤ではさらにこれらの供血奉仕者に対して、白ハートに赤十字を浮せたピンを贈って感謝の意を表することになった。この供血運動は当分続ける予定であるが、供血希望者は次に申込まれたい。

電話……大手（二六）五九八七番
国連軍四〇六医学研究所　血液銀行（都庁筋向い）
葉書……都内丸ノ内三菱東七号館、国連軍四〇六医学研究所血液銀行
申込受付は土、日曜を除き毎日午前八時から五時まで。採血は毎日午後一時からである」

○「国連軍の傷兵さんへ　葛飾生れのマスコット
遠く祖国を離れ人類平和の旗の下、朝鮮の戦野に敢闘する国連軍の将兵さんへ……と区内日赤婦人部員の真心こめた贈り物のお人形さんの製作が同部員により急がれていたが、二五日現在で早くも五〇〇有余体誕生、区役所民生課に届けられ発送準備が急がれている。寄贈状況を分団毎にみてみると、第三分団（河野浜子）六八体、第四分団（松見貴代子）九三体、第六分団（岩城清子）五〇体、第七分団（関本ミサオ）八九体、第八分団（柳沢菊代）八一体、第九分団（奥村佳子）七一体、第一〇分団（山口敏子）九一体の五四三体となっている」

（ともに一九五〇年一〇月二九日付）

○「慰問人形　日赤へ寄贈

連合軍傷兵へ贈られる慰問の人形は既報のように日赤各分団婦人部から二五日迄に区民生課に五四三体が届けられたが、二六日第一分団婦人部（東平喜美子）から五六体、水元三分団婦人部（小林伏見）五〇体が届けられ、六四九体の多数になったので、一日区から日本赤十字本部に贈った」

（一九五〇年一一月五日付）

○「振袖姿に歓声挙がる　白菊ウーメンアソシエーション高砂雀会米傷兵慰問

国際平和の尊い使命を担って朝鮮動乱の烈しい戦闘に傷つき、遥か故郷に想いを馳せては心淋しい病床生活を続けている米軍将兵を少しでもお慰めしたいと、一八日午後一時半、白菊ウーメン・アソシエーション（会長○敏子さん）高砂すずめ会（会長津田連雀さん）の一行が両国第三一六米陸軍病院を訪れた。当日米軍の厚意で往復の自動車便を提供され、そぼ降る冷雨の中を病院に向ったが、振袖姿の可愛らしい子供達と共に○会長らが各病室を巡回して傷痍の身を横たえる将兵に花束を贈り、続いて演芸場で「すずめ会」会員の日本舞踊、洋舞など三時間にも亘って熱演すれば、来観の将兵いずれも〃ヴェリナイス〃を連発、麗わしい日米交歓の一ときをすごした」

（一九五〇年一一月二六日付）

朝鮮戦争の時、日本赤十字はアメリカを中心とする国連軍を熱心に応援した。七月には韓国赤十字に医薬品三トンを横浜港から送り出し、一一月からは全国紙に血液銀行への献血を呼びかける広告を出し、年末まで国連軍傷病兵と韓国難民救済のための募金活動も繰り広げた。献血によって大量に集められた血液は、次々と日本に搬送されてくる国連軍傷病兵を治療するために使われた。また日赤は傷病兵が収容されている日本国内の野戦病院に、日本人看護婦を一〇〇名近く派遣し救護にあたらせている。

日赤葛飾支部には〝慰問人形〟作りが指示されたのだろう。それに取り組む婦人部員の働きぶりは、まるで戦争中の大日本婦人会の〝慰問袋〟作りを彷彿とさせる。

朝鮮戦争は海を隔てた対岸の出来事だったが、GHQは日本政府に米軍への協力を命じ、日本がさまざまな後方支援、言い換えれば戦争協力を行っていたことが明らかになっている。

その内容は、

・日本での戦闘訓練――王城寺原（宮城）、東富士（山梨）、日出生台《ひじゅうだい》（大分）、大矢野原（熊本）などの演習場使用

・出撃のための基地使用――横田（東京）、イタミ・エアベース（大阪・兵庫）、板付・芦屋・築《つい》城《き》（福岡）、岩国（山口）、立川（東京）、入間（埼玉）など

・港湾の使用――佐世保（長崎）、呉（広島）、神戸（兵庫）、横浜・横須賀（神奈川）、塩釜（宮城）など

・病院の使用――聖路加病院（東京）ほか一三施設

・日本海運の輸送協力

・国鉄の輸送協力――戦争勃発直後の二週間、国鉄は臨時列車数を二四五本、客車を七三二四両、貨車を五二〇八両動員し、荷物を港や空軍基地へ運んだ。傷病兵や火薬も輸送した

・労働者の動員——一九五一年六月時点で二九万六八九三人

・出撃航空基地の拡張工事

・兵器の修理、再生

・海上保安庁による機雷掃海——一九五〇年一〇月から一二月までの間に述べ四六隻の掃海艦艇と一二〇〇名の海上保安庁職員（旧海軍軍人）が掃海し、機雷二七個分を処分。その際一隻が触雷沈没し乗員一名が死亡、重軽症者一八名をだした

・軍需品の調達

などであった。

このなかで軍需品についていては、特別調達庁(6)が日本国内でなんでも取りそろえた。その種類は、野戦食糧、乾電池類、毛布、衣類、ジープ用帆布、土のう用麻袋といったものから、空軍用の羽根付弾、落下傘付照明弾のような兵器類や部品、トラックや鉄道貨車、蒸気機関車、車輌などの運輸機械類、金属製品としてはナパーム弾用タンク、航空機燃料タンク、有刺鉄線、有刺鉄条鋼柱、建設用鋼材、ドラム罐などがあった。また原材料である石炭、木材、セメント、硫安なども調達して米軍におさめた。(7)

当時吉田首相は、「（朝鮮戦争に）精神的に協力する、あるいはできる限りにおいて協力する」（一九五〇年七月一六日衆議院予算委員会での答弁）と述べていたが、実際は日本は朝鮮戦争を戦うアメリカ軍の、重要な後方兵站《へいたん》基地となっていた。

「マッカーサーは当時日本に駐留していた戦闘態勢の軍隊で使えるものはすべてこれを前線に送り出した。元帥は日本政府が安全で秩序整然たる基地を提供してくれるものと確信していた。それに日本人は驚くべき速さで、彼らの四つの島を一つの巨大な補給倉庫に変えてしまった。このことがなかったならば、朝鮮戦争は戦うことはできなかったはずである」

一九五二年から五三年に初代駐日大使であったロバート・マーフィーはこう述べている。(8) こうしたことから、日本は朝鮮戦争に〝実質的〟に参戦した、という見解をとる研究者もいる。(9) では一九五〇年当時、日本人は朝鮮戦争をどのように受け止めたのだろうか。

「朝鮮動乱のことは新聞に毎日載っていたけど、あんまり気にとめなかったの。だって朝鮮の女・子どもの生活がどうなったかなんて一つも書いてないで戦況のことだけでしょ。大変なんだって実感がぜんぜんわかないもの」

（一九〇九年生まれ、川崎市在住）

「私は当時高校生で、学校がおもしろくておもしろくてたまらなかったの。ただ、社会科の先生が「三八度線で分断するなんて、ひどいことをするものだ」と言ってたことと、大人が「戦争で景気がよくなるからいいんだ」と言っていたことだけは覚えている。大人達がそんな風に話しているのを聞いて、私も「景気がよくなるならいいな」って思ったわ」

（一九三四年生まれ、赤穂市在住）

「引揚げてから、食べるものを手に入れることだけに追われていたような気がする。買い出しに行ったり、地主の不明な山をみんなで開墾して、ようやくなんとか食べられるようになったら、朝鮮戦争が始まったんよ。戦争は嫌だなぁーと思ったけど、こっちは乳のみ児を抱えて、慣れない百姓の毎日で、いろいろ考えている暇はなかった。たまに飛行機が低空で、キィーンと音をたてていくと、空襲を思い出して、身がすくんだこともあったねェー」[10]

（一九二五年生まれ、下関市在住）

朝鮮戦争についてはその時何歳であったか、どこに住んでいたか、どんな仕事をしていたかなどによって受け止め方はさまざまであったが、全体としては他人事《ひとごと》のように感じていた人が多かった。日本は占領下にあり、GHQの厳しい検閲によって制限された戦争情報しか新聞に掲載されなかったこと、その新聞をはじめとする言論報道機関から、社会を批判する勢力がパージされて追放されてしまったことなどが、朝鮮戦争についての多面的な報道や論評をさまたげたためであろう。また当時、誰もが自分の生活に追われて考えるゆとりがなかった、ということもあるだろう。日本人にとって、「朝鮮戦争は見えにくい戦争だった」[11]のである。

けれども海の向こうの戦争がもたらす経済の恩恵は、庶民にもよく分かった。米軍からの軍需品の受注は巨額にのぼったが、特需（特別需要）といわれるものだけでも総額三二億ドルにおよんだ。[12]特需は産業界に活力をもたらし、打ちひしがれていた日本経済をよみがえらせた。

『葛飾新聞』紙上にもそうした経済の動きが、職業安定所の情報や求人広告に反映されている。朝鮮戦争と葛飾区の町工場がつながっている。

朝鮮戦争が始まる以前の本田職業安定所は、失業者の増加に苦慮していた。

○「新制中学卒業生の就職地獄　憂う失転者の将来　通勤者を嫌う紡績会社　安定所頭痛鉢巻」（一九五〇年二月五日付）

○「日増殖る失業者の群　公共安定所にみる求職状況」（同三月二六日付）

○「増える失業保険受給者　離職求職に深まる憂慮」（同五月七日付）

こうした記事からは、昨年来のドッジ＝ラインの実施から生じた企業の合理化、人員整理、中小企業の倒産といった事態が尾を引いていることが分かる。ところが一一月になると、「安定所を通じての求人数は八月以来上昇を続け、一〇月二八日現在では月当り一〇〇〇名から八一五名の間にあり、従来の約三倍にはね上っている。反面求職者は減少の一途を辿り、失業者ハン乱が取沙汰されている折、奇態な現象を招来している」（一九五〇年一一月一二日付「安定所にみる中卒者の求職状況　求人上昇　求職減少の珍現象」）といったように変化してくる。

そして年を越して一九五一年になると、毎号のように求人覧が出るようになる。

○「本田職安に大幅な求人」（一九五一年四月二二日付）

○「本田公職安でまたも求人

本田職業安定所では左記の通り男女共に大巾な求人を行っている。希望者は至急連絡するよう同所では要望している。

男子の部	旋盤工	五名	二〇～三〇才迄	月収七〇〇〇円以上
	製罐工	五	二〇～三〇迄	一万円以上
	仕上工	四	二三～四〇迄	一万円以上
	〇工	三	二〇～四〇迄	九〇〇〇円以上
	伸線工	三	二五～三五迄	一万円以上
	ガス溶接工	二	二〇～三〇迄	日収四〇〇円以上
	歯切工	一	二〇～三六迄	一万円以上
	プレス工	九	二〇～三〇迄	七〇〇〇円以上
	運転手（三輪車）	二	二〇～三〇迄	八〇〇〇円以上
	ネジ切見習工	四	一五～二三迄	四五〇〇円以上
	圧延見習工	一〇	二〇～二五迄	六〇〇〇円以上
	〇見習工	四	一八～二三迄	五〇〇〇円以上
	製パン見習工	二	一七～二〇迄	四五〇〇円以上
	ボイラー見習工	一	二〇～二五迄	日収一八〇円以上
女子の部	事務員	二	珠算三級以上　二〇～二五迄	五〇〇〇円以上
	看護婦	三	〇《不明》～三〇迄	通勤六〇〇〇円以上

糸巻工　○《不明》～四〇迄　日収一三〇円
（※紙面穴あきのため二業種判読不能）
理髪師　一　二五～三五迄　通勤七〇〇〇円
この他造船、自動車修理関係者を大量求人中」
（一九五一年五月一三日付）

こうした広告は一九五一年には九回登場し、一九五二年は保存されている五月二五日付号まで、ほぼ毎号に掲載されている。「求人　男　英語堪能者　建築技師四〇～六〇　六名　三万八〇〇〇、事務二五～三〇　二名　八〇〇〇上（機械図面、英語解する者）」（一九五一年九月一六日付）のような募集は、アメリカからの発注に対応できる人材を求めていたことを示している。

葛飾区内のあちこちの工場でモーターがうなりをあげ、溶接の火花が散り、機械は金属音を響かせ始めた。トラックや荷車が次々と材料を運び込み、仕上がった製品は親会社へ運ばれ、そこから港へ運ばれ、朝鮮半島に渡っていった。葛飾の人々は仕事が活気づき、生活が上向くことを実感として受け止めたことであろう。

こうしたことは歴史的には「朝鮮動乱の特需は、ドッジ政策の影響をうけて不況にあえいだ当時の産業界に一つの活路を開いた(13)」とされ、「のちの高度成長を準備したということは、今日常識となっているといってよい(14)」と位置づけられている。

世の中に金が回り始めると、『葛飾新聞』の広告にも生活のゆとりをうかがわせるものが増えてくる。

一九五一年には、洋裁学院、タイピスト学院、編物学院、英語学校、茶道・華道、バレエ、幼稚園、高校、映画館、ミシン、獣医、病院・医院、金融（質・信金）、自動車（ハイヤー）、二輪車（スクーター・オートバイ）、運送、電気などの広告が華々しく紙面を飾り、一九五二年になるとこうした広告が紙面の二分の一（表裏ともに）を占めるようになる。『葛飾新聞』はすっかり中味の薄い新聞になってしまい、発刊当初の民主化への意気込み、オピニオンリーダー的役割、権力への批評性などは一切みられなくなった。これは世の中の雰囲気そのものをあらわしていたのだろうと思う。

マッカーサーが厚木に降り立って以来日本の軍国主義を払拭するためになされたさまざまな民主化政策は、政治、経済、教育などにとどまらず社会全般にわたって大きな変化をもたらした。日本人にとってアメリカのもたらした民主主義は、希望の光のように映ったことだろう。

けれども民主主義がいかに素晴らしくても、それで腹はふくれない。朝鮮戦争をきっかけに〝生活の再建・安定〟という道すじが見えてきた時、日本人の心は一気に保守化し、吉田政権を強力に支える力となったのである。

一九五〇年を生きる人々は、仕事で残業が増えたり、夕餉のちゃぶ台に並ぶおかずが一品増えたりすることをうれしく思ったことであろう。母親が子どもの洋服をミシンで仕立てたり、家族そろって映画館で夢のようなひと時を過ごしたりすることも、幸せを実感させたことであろう。

国民が政権に対して〝政治的主義主張よりも経済政策を優先して判断する〟ということは、一九五〇年から六四年経った二〇一四年になっても変わっていないようだ。自由民主党第二次安倍内閣（二〇一二年一二月〜）は低迷した景気を回復させるために〝アベノミクス〟戦略を打ち出し、現在高い支持率を獲得している。

注

（1）一九四五年八月　インドネシア共和国（オランダ）
一九四六年七月　フィリピン共和国（アメリカ）
一九四七年八月　パキスタン（現パキスタンイスラム共和国）（イギリス）
（同年同月）インド（イギリス）
一九四八年一月　ビルマ共和国（現ミャンマー連邦）（イギリス）

（2）『新聞戦後史――ジャーナリズムのつくりかえ』。

（3）レッド・パージはその後、電気、映画、運送、石炭、鉄鋼、造船、私鉄などの民間産業の主要部門のほとんどに及び、その対象者は民間、官公庁あわせて一九五〇年七月から一一月末までに約一万二〇〇〇人にのぼったと推定されている。一九四九年に始まっていた解雇を含めると、レッド・パージにより不当に解雇された労働者は約四万人にのぼるとの推計もある（『占領政策の転換と講和』）。

（4）GHQ民間情報教育局（CIE）情報課の新聞・出版班長。読売新聞争議などで経営者の編集権を主張。GHQでは新聞の自由を強調し、左右の圧力から新聞を守らねばならないと説いてまわった。しかし結果的にはレッド・パージなどの左翼弾圧に偏重した感があった（『GHQ』）。

（5）「朝鮮戦争がはじまると、インボーデン新聞課長はNHKビルに各社の編集局長をよんで、朝鮮戦争に関連したニュースの検閲方針を申し渡した。その中には、つぎのような条項があった。
一、朝鮮戦争の取材ニュースはぜんぶ検閲する（現場でも、きわめて厳重に検閲されているから二重検閲）。
二、日本国内の取材でも、部隊の訓練、移動、兵站関係のニュースは検閲を要する。
三、左記の事項は、特別の許可がないかぎり発表をゆるさない。
A　アメリカ、連合国、中立国を当惑させる記事

Ｂ　細菌戦、国連軍の間の伝染病にかんする記事など」（『占領下の言論弾圧』）

（6）一九四七年四月制定、占領軍の調達業務を実施するための中央組織。米軍がＰＤ（占領軍がだす調達要求書）を提出すれば、特別調達庁が自動的に必要な物資や役務などを調達した。

（7）『史実で語る朝鮮戦争協力の全容』。

（8）同右。

（9）『朝鮮戦争全史』。

（10）『朝鮮戦争　逆コースのなかの女たち―銃後史ノート戦後篇』。

（11）三浦陽一「朝鮮戦争はどんな戦争だったか」『日本近代史の虚像と実像4　降伏～「昭和」の終焉』。

（12）「朝鮮戦争はどんな戦争だったか」。

（13）『増補　葛飾区史・中』。

（14）「朝鮮戦争はどんな戦争だったか」。

参考文献

新井直之『新聞戦後史——ジャーナリズムのつくりかえ』栗田出版会、一九七二年。

歴史学研究会『占領政策の転換と講和』青木書店、一九九〇年。

竹前栄治『ＧＨＱ』岩波書店、二〇〇七年。

山崎静雄『史実で語る朝鮮戦争協力の全容』本の泉社、一九九八年。

和田春樹『朝鮮戦争全史』岩波書店、二〇〇二年。

女たちの現在《いま》を問う会『朝鮮戦争　逆コースのなかの女たち——銃後史ノート戦後篇』インパクト出版会、一九八六年。

藤原彰ほか『日本近代史の虚像と実像4　降伏～「昭和」の終焉』大月書店、一九八九年。

東京都葛飾区『増補　葛飾区史・中』一九八五年。

松浦総三『占領下の言論弾圧』現代ジャーナリズム研究会、一九七七年。

西村秀樹『大阪で闘った朝鮮戦争』岩波書店、二〇〇四年。

V．兵士と遺族の戦後

——一九五一、五二年（昭和二六、七）

戦死者を悼むということ

私の育った家庭は、子どもの時には分からなかったのだが、今から考えれば〝戦争の影〟の色濃い家だったと思う。

父はアジア・太平洋戦争が始まる直前の一九四一年七月、関東軍（中国東北部に駐留した日本の陸軍部隊）が対ソビエト戦にそなえ、関東軍特種演習の名目で集中動員をかけた約七〇万人のうちの一人として召集され、一九四五年一二月フィリピンから復員した。同じ部隊の戦友たちが数多く戦死したなかでの帰還であったためか、みずからの体験について語ることはほとんどなかった。

父の弟は、一九四五年二月に召集され群馬県沼田の部隊に入隊、同年九月栃木県宇都宮の部隊から復員した。

祖父母と叔母（父の妹）は一九四五年三月一〇日の東京大空襲の時、江戸川区平井に住んでいて被災、家屋は全焼した。彼ら三人は別々の方向に逃げのび、明け方再会した時には手を取り合って喜んだという。

父と結婚前の母も同日浅草で被災、親族四人を一夜にして亡くした。

父の兄は一九四三年一〇月に召集され、我孫子の部隊に入隊した。そして一九四四年七月、輸送船で南方の戦地に向かう途次、その船が撃沈されたことにより死亡した。

この伯父の戦死によって、一九四五年八月一五日に終戦の日を迎えても、木村家の〝戦争〟は過ぎたこととして終わらなくなった。戦死、英霊、戦没者遺族、遺族会、靖国神社、遺族年金、弔《ちょう》意金……。こうした話が暮らしの折々に顔をのぞかせた。

この章では、先の大戦において戦死した人々に対して、遺家族がその死をどのように受け止め、どのように戦後の日々を送ったのかについて記したい。また日本に帰還した兵士たちが、戦死した戦友たちに対してどのような思いを抱いたか、その心情はどう変わっていったか、についても記したい。

戦死した人々は黙して語ることはないが、その死をめぐっては未だに八月になると「英霊」と呼ばれて復活し、首相が靖国神社に参拝するか否かの動向は毎年大きなニュースになる。アジア近隣諸国からは歴史認識について厳しい視線が向けられ、戦死者たちへの慰霊・追悼も安らかとは言い難い現実がある。戦没者遺族、戦場体験者たちが戦争や戦死という困難にどのように向き合ってきたのかを知ることは、現在のわたくしたちが立っている、目には見えない足許を知ることになる、と思う。

現在「戦没者」という場合、戦争によって亡くなった軍人、軍属（軍人ではなくて軍隊に勤務する者）、民間人の死者全部を合わせて呼んでいる。その数は国内外で約三〇〇万人から三一〇万人と推定されている。このうち軍人、軍属が公務中に死亡した場合を「戦死」と呼び、日中戦争（一九三七年〜一九四五年）以降二三〇万人から二四〇万人に達した。

近年ではこの「戦死」の内実についての調査や研究もすすんでおり、次のようなケースの存在が明らかになっている。

・戦闘による死
・輸送船や軍艦での海没死
・飛行機や魚雷などによる特攻死
・栄養失調による餓死
・伝染病などによる病死（マラリアなど）
・自殺（手榴弾で自爆する、薬物注射で殺してくれと頼むなど）
・他殺（軍医や衛生兵らが助かる見込みのない傷病兵に薬物を注射するなど）
・事故死（訓練中や銃の暴発などによる突発的な死）

「戦死」といえば〝敵と勇ましく戦った末の死〟のイメージが強いが、実際は餓死・病死者が一四〇万人（餓死率六一％）[1]、あるいは八五万人（餓死率三七％）[2]にのぼったとの推計もあるほど、戦闘以外の死亡者が多かったのである。

戦死を遂げた者たちの死は、家族には次のように伝えられた。

「終戦になってすぐ「沖縄で戦死しました」と市役所の人が白い箱を持って家へ来た。玄関で父が「遺骨も入っていない箱を受け取るわけにはいかない」と大声で怒っているのを聞いた。結局、その箱は市役所の人が持ち帰った。兄は、沖縄の真壁という所の防空壕の中で、怪我をした兵隊さんを手当てしている所に、焼夷弾が落ちて亡くなったそうである」(3)（戦没者の妹）

「昭和二〇年七月一一日の夕刻でした。電灯のない薄暗い物置に、二人の兵士が前触れもなく入って来たのを、五〇年たった今でもよく覚えています。顔色を変えた母は、私たち子供を外に出すと、奥の部屋に二人を迎え入れました。すぐ「ワッ」という母の泣き声と、「これもお国のためですから」と慰める男の声が、体を硬くして立っていた私たちに聞こえました。本土決戦に備え、千葉県南部の海岸で陣地構築中の父が、急死したことを知らせに来たのでした」(4)（戦没者の子）

「二〇年八月一五日、日本は敗戦で終戦を迎えることになります。口惜し涙と悲しく無念の涙が止まりませんでした。アメリカ兵が女、子どもを殺すとかいろんなデマが飛び交いました。私は、唯、主人が無事に帰還することだけを祈り案じる日々でした。しかし八月三〇日には、主人の戦死の公報を受け取りました。遺骨を受領に行くと、骨箱には、名前を書いた紙切れと爪だけが入っており、ただただ、骨箱を抱き涙が溢れるばかりでした。戦没者の家族は我家だけではない、と自分で自分を励まし頑張ろうと誓いました」(5)（戦没者の妻）

「長兄の戦死を知ったのは叔父のアパートに転がり込んでいた時である（※一九四五年一〇月頃）。

母は何かの用で、戸籍をとりに壬生《みぶ》(※栃木県)から出てきていた。彼女は薄暗いアパートの一室で、私に戸籍を見せた。「礎《もとい》、ごらん」と言った時の母の手はふるえ、しわだらけの顔面は蒼白であった。長兄「安《やすし》」の欄は×で抹消されており、「昭和一九年七月一六日、北緯何度何分、東経何度何分において戦死」といったことが脇に書いてあった(バシー海峡である)。兄は父よりも早くすでに死んでおり、そのことを肉親が知ったのはこのようにしてであった」[6](戦没者の弟)

「兄二人の戦死に遺骨が三つ届いたんですよ。最初に二つでした。それは戦没者への遺骨引き渡しに間に合わせて作られたものでした。中を開けてみたら白い木でつくられた位牌に名前が書かれたものでした。母はそれを信じませんでしたよ。毎日帰って来るのではないかと外の道に聞こえて来る靴音に耳を傾けていました。そんなある時、三つめの遺骨が届いたんです。二番目の喜久治と同じところへ行っていた戦友が持って帰ったというのです。油紙に指の関節の遺骨と爪と髪が包まれていたのです。母はこれでやっぱり死んだのだと思ったようです」[7](戦没者の弟)

肉親の死は、このようにさまざまな形でもたらされた。白木の箱の中に遺骨や遺品はなく、名前を書いた紙が入っているだけ、という場合も多かった。一通の公報によってその死は伝えられ、残された家族は詳しいことを確かめるすべもなかった。死んだことが確かめられなければ、死んだと言われても信じられない。残された家族の嘆きは深かった。

こうした遺族たちの悲しみは、世間の人々から悪者扱いされたり、ＧＨＱの非軍事化政策によって遺族が冷遇されたりしたことから一層強くなっていった。戦後、遺族たちの置かれていた状況は、全く厳しいものだった。

「軍人の妻など口にでも出そうものなら、たちまち国を滅ぼした張本人としての圧迫を加えられるのでした。私が何も悪いことをしたでなし、尽忠報国の誠と三人の家族（※夫と二人の息子）を捧げましたのに、それに世の人々は軍人遺家族に対しまして熾烈な侮蔑の眼を向け、手内職までとりあげてしまいました」(8)（戦没者の妻）

「戦死した者の多くが、戦場に出たのは国家の強制によるのであります。しかも、その残した遺族は何ら戦場において働いた者でもなく、悪事を行っておらないのであります。私は断じて遺族を日蔭者にしたくない。これを戦犯者視し、あるいは戦犯者扱いするのは大きな道徳的犯罪であります。いかにかして戦没者に対する葬儀その他行事につきまして一般文民に対するそれと同様程度の取扱いをすることに依って、遺族を戦犯者視する傾向を払拭いたしたいのであります」(9)

「世間では終戦前は（※戦死は）国家のためだ、名誉だ、無言の凱旋だといって、その筋からも沢山のお金を賜り、村葬だといえば参列者も多く、各隊からも隊長がおびただしく参列され、立派なお葬式をして大きな墓碑を建て猶お金が余って家を作り、田畑を買うた人が多く、誠に羨しい事であった。それが終戦後は遺骨に対して頭を下げる人もなく、却っての、しられ、恥しめられ、敗惨の罪を軍人にのみ着せ、随《したが》ってその筋よりも僅《わず》か棺桶を買うにも足らぬ程の涙金を与えられたのみで、遺家族は誠に見じめな者でした。私共の子供が好んで軍に出て敗けたためにという様に世間からは白眼視され、口惜しいやら、恨しいやらで一向同情を頂いているなどとは思われませんので、隣近所の方とのお付合すらにも丸で薄氷を踏む様な有様で一寸《ちょっと》も安心が出来ませんでした」[10]（戦没者の父）

なぜこれほどまでに、遺族は人々から冷たい視線をあびなければならなかったのだろうか。理由として考えられるのは、戦争に敗けたことから軍部に対する批判が高まり、軍部に敗戦の責任があるという批判が軍人に敗戦責任があると転化され、さらには復員兵や戦死者も、そうした責任の一端を担うと受け止められたことがある。職業軍人を嫌悪する感情はともかく、一兵卒として召集されていった下級の兵士や遺家族にまで冷たい目を向けたということに、庶民の軍事的なことへの反感がいかに強かったかを知ることができる。また戦争中は、軍人や戦没者遺族は経済的にも社会的にも国から特別に優遇される地位にあり、周囲の人々は勤労奉仕や金銭支援などを強いられた。そうした規範が敗戦とともにくずれると、世間はそれまで厚遇されていた人々に強く反発したのである。

もう一点は、日本の戦争、日本の軍隊が、天皇のために戦い天皇のために死ぬことを兵士に強いるもので、日本の一般大衆のために戦うという視点は（たとえ兵士個人がそう思ったとしても）、軍隊としての共通認識としては成立していなかった、ということがある。それは、兵士や戦死者と国民との間に苦しみや悲しみを共有し合い、分かち合うという回路が存在しなかった、ということである。復員した兵士や白木の箱を迎えたのが家族だけだったというのは、世間の人々が〝戦《いくさ》には負けたが、みな私たちのために戦ってくれた〟と考える心理的な地盤が欠落していたためであろう。

そして、GHQによる厳しい非軍事化政策も遺族を苦しめた。

一九四六年二月の公職追放令によって、職業軍人だった者たちはそれまでの地位と名誉と経済的裏付けを失った。同月には軍人恩給も廃止され、一般の軍務経験者が受けていた恩典もなくなった。GHQは戦死者や戦傷者などに対しても特別な補償を与えるべきではなく、社会保障制度において救済するべきとした。戦争によって命を落としたことが〝特別なことではない〟という扱いは、遺族には承服しかねることであったろう。

さらに遺族の感情は、GHQが戦没者を公的に称《たた》えるような慰霊・追悼行事を禁止したことで、一層閉塞感を強めた。一九四六年一一月、「公葬等について」という通牒が内務・文部次官から発せられた。むろん、GHQからの指示によるものである。

「・地方官衙《が》（※官庁・役所）及び都道府県市町村等の地方公共団体は、公葬その他の宗教的儀式及び行事（慰霊祭、追弔会等）は、その対象の如何を問わず、今後挙行しないこと。

・戦没者に対する葬儀その他の儀式及び行事を、個人又は民間団体で行うことは差支えない。しかし地方官衙又は地方公共団体がこれを主催若しくは援助し、またはその名において敬弔の意を表明するようなことは、避くべきである。

・忠霊塔、忠魂碑その他戦没者のための記念碑、銅像等の建設、並びに軍国主義者又は極端な国家主義者のためにそれらを建設することは、今後一切行わないこと。現在建設中のものについては、直ちにその工事を中止すること。(11)(抜粋)」

このなかには、学校や公共の施設やその構内にある忠霊塔や忠魂碑は撤去することという命令も含まれ、軍国主義的な事柄の一切を取り除く方針が示された。遺族たちは肉親の戦死を〝価値あるもの〟として、公《おおやけ》(国、市町村など)からの慰霊・追悼は当然、不可欠と考えていたにもかかわらず、それが禁じられたのである。忠霊塔や忠魂碑の撤去や移転も、国のために犠牲となった人々の死が、いかにも否定されたように受け止められた。

遺族たちは遺族同士が集まって私的な慰霊をすることは認められていたため、互いになぐさめ、励まし合うなかで、しだいに地域に小集団を結成していった。このような動きは一九四六年から一九四七年にかけて全国に広がり、一九四七年一一月、日本遺族厚生連盟(日本遺族会の前身)が設立されるに至る。

この日本遺族厚生連盟は、前年に戦争未亡人を主体に結成された戦争犠牲者遺族連盟から、戦没者の親や兄弟といった男性遺族たちが意見の相違を強め分かれて結成した。夫を失った妻たちは主に子どもの養育や生活上の自立、安定を求めたのに対して、男性遺族たちは生計よりも精神的な面での処遇改善に重きを置いた。戦争によって死んだ者たちを、国は正当に慰霊・追悼すべきである——彼らの願いの底にあるのはこうした思いだった。

日本遺族厚生連盟は会報を発行するにあたり、第一号（一九四九年二月一〇日）に、次のようなスローガンを掲げた。

「本連盟は遺族の相互扶助、慰藉《いしゃ》救済の道を開き道義の昂揚《こうよう》品性の涵養《かんよう》に努め、平和日本建設に邁進すると共に、戦争の防止、ひいては世界恒久平和の確立を期し以て全人類の福祉に貢献することを目的とする」

また同会報第九号（一九五〇年三月二五日）には、全国遺族代表者会議（同年二月二八日）で決議された宣言が載っている。

「宣言
今次戦争の最大の犠牲者はわれわれ遺族である。われわれは戦争の如何に罪悪であり、如何に残酷であるかを身を以て体得してゐる。われわれは世の中の誰よりも平和を希求し心から戦争を憎む。われわれの父や夫や子は国家の公務にたおれた。このことは第五国会における両院の決議と之に対する政府の答弁においても明かな所である。こゝにわれわれ八百万遺族はけつ然起って飽くまで戦争を否定し、世界平和の悲願の達成を冀《き》求（※ねがい求める）し、公務により死没した者に対する国家の弔意と補償を要求する。右宣言する」

日本遺族厚生連盟が「平和を希求」「戦争を否定」「世界平和の達成」をスローガンに掲げ、公然と「国家からの弔意」と「補償」を求めたことは、全国の戦没者遺族には強い賛同をもって受け入れられたことだろう。また、同盟の主張や要求がはっきりするにつれて、各地の地域遺族会の動きも活発さを増したことだろう。

占領が始まって六年がたち、一九五一年九月八日、日本はサンフランシスコで講和条約に調印、独立への一歩を踏み出した（同条約の発効は一九五二年四月二八日）。

この二日後の九月一〇日、都道府県知事宛に「戦没者の葬祭などについて」という通牒が発せられた。これは先に出された「公葬等について」（一九四六年一一月）の内容を変更するもので、個人または民間団体が戦没者の慰霊祭や葬儀を行うさいに、知事、市町村長その他の公務員が列席し、敬弔の意を表し、または弔詞を読むこと、また地方公共団体から香華《こうげ》（※仏前に供える香と花）、花輪、香華料などを贈ることを許す、といった通達だった。この通牒によって、はじめて堂々と戦死者を悼む慰霊祭を行ってよいことになったのである。

こうした時代の流れを反映して、葛飾区内の戦死者三八〇一名（陸軍二三一〇名、海軍一五〇〇名[12]）の遺族も活発に動きはじめた。『葛飾新聞』にはそれを示す記事が次々と載る。

○「戦争殉難者慰霊祭　上平井町各団体合同主催で

講和会議を迎え、今更ながら戦争犠牲者に対して新なる悲しみが深まる折、上平井町各団体合同主催で町内の戦死戦災殉難者追悼会が、去る二一日午後二時から同町上品寺《じょうほんじ》本堂に遺家族二七〇名を招きしめやかに営まれた。この日、島村代議士、高橋区長ら官公庁代表も列席焼香、導師望月僧正ら葛飾仏教連合会僧侶の読経につれ、わが夫、わが子の追憶に駆られてか思わず洩らすオエツの波が高く低く堂内に溢れたが、戦後始めて迎える盛儀にいずれの家族の顔にも安堵の想いがみられた」

（一九五一年一〇月二八日付）

○「戦没将兵　合同慰霊祭

今日午後一時から柴又題経寺で、葛飾仏教会主催の区内出身戦没将兵の合同慰霊祭が行われる。なお当日大法要終了後、ラジオニュース解説者斉藤栄三郎氏の時局講演、春風亭柳好氏の清興《せいきょう》（落語）がある」

（一九五一年一一月四日付）

○「水元で招魂祭

靖国講（代表者平野市蔵氏）と水元建設協議会（代表者臼倉好元氏）主催で、七日午後一時から水元中学校に遺族九〇名を招いて招魂祭を催し、腹話術等盛沢山の演芸で遺族を慰安した」

（一九五二年一月二〇日付）

○「戦死者慰霊に地蔵堂　川端念仏講が建立計画

川端町で町内の戦死者、戦災殉難者、公職関係物故者などの霊魂を祀る地蔵堂の建立計画がすゝめられている。提唱者は川端念仏講で、戦後二一年三月いち早く戦死者の法養を営み年中行事に

(1) 昭和27年5月11日(日曜日) THE KATSUSHIKA 第205号

葛飾新聞

戰歿者追悼式、敬老會
區の講和記念行事計画

文化映画 "伸びゆく葛飾" 区で製作を企画

國連支部發足

區立臨海施設 対策を協議

路面鋪裝 曳船通り外三ケ所

都戦歿者追悼式に 遺族代表76名列席

婦人会員の社会科勉強

水元公園に休憩所設置

"区議退職金"

求人

新小岩文化劇場

開館満二周年記念
千一夜物語
銀の靴・コロラド
立石 花比姿劇場

明日では遅すぎる
裸族
武装市街
今宵よ永遠に
日立映画劇場
雪崩
栄冠涙あり
生き残った弁天様
お洒落狂女
三銃士
西陣の姉妹
母山彦
哀愁
怪船シーホーネット
母子船
戦場を駆ける男
群狼の街
浮雲日記
青空天使
黎明八月十五日
虎の尾を踏む男達
立石映画館
長崎の月から来た男
コメディー劇場

生徒募集
堀切女学院
洋裁 日本洋裁専門学院
田中醫院
森本興行部チェーン

戦没者の追悼式を伝える 1952 年（昭和 27）5 月 11 日付の葛飾新聞

昭和27年5月11日（日曜日）　葛飾区民紙　第205号（2）

霊魂安らかに鎮る
亀有町で招魂社祭祀

講和記念に植樹祭
本田中でPTAが寄贈

母子相談や表彰
〝こども週間〟多彩な行事

中学生の職業適性検査
本田職安が各中学で実施

〝春季大会〟

〝春季俳句大会〟

大喜びの「子供会」

少年達に昇り降りの鉄塔

〝一日だけの愛大生〟

新宿一、二丁目 防犯で〝敬老会〟

ボヤ

固定資産評価

贈られた花嫁
―レコードコンサート―
15日葛飾図書館

〝連合こども会〟

最優秀 三輪トラック ダイハツ 中根自動車工業株式会社

金融利殖　1口1万円60日据

内科 レントゲン科 葛飾第一診療所

「国内貢店」募集　花菖蒲 堀切園

古山のパン　ケーキ長崎カステラーを　各種和洋菓子製造販売　古山パン店

品質本位のジョウボシしょうゆ

野口紙器

川千家

川亀川魚店

生徒募集　都立葛飾野高校

かや　遠藤蚊帳工場

便利な皆様の金庫　亀有信用金庫

不動産登記 商業登記　司法書士 経田彌太郎

売宅地

リズムミシン葛飾代理店

犬　金町愛犬診療所

青砥獣医科

ラビットスクーター　日本モータース

金融　旭商事葛飾出張所

求む　ミシン修理工並に　女子事務員　数名募集

葛飾ミシンデパート　有限会社新沢商会

しているが、町内の浄財、講員の拠出などで建設資金を集め、由家旅館横の敷地三四坪を所有者の伊藤孝、赤沼辰三両氏から寄贈を受けたので、本格的な運動にとりかかった。地蔵尊は同町子安講が会津磐梯山麓にあった由緒深い「かくれ地蔵」を移して開眼したもので、霊堂完成後は同通りに柳の植樹、縁日などで町の名物にしようと関係者で構想を練っている」

（一九五二年四月二〇日付）

○「戦没者追悼式　敬老会　区の講和記念行事計画

区では平和条約発効、憲法発布三周年記念行事を検討中であったが、一〇日行われた記念式典に引続き、戦没者追悼式、敬老会などを催すことになり、厚生委員会を中心に具体案を練り、諸般の準備を進めている

△記念式典　一〇日午前一〇時から区役所講堂で区議、同待遇者、小中学校長、小中学校PTA連合会正副会長、官公庁署長、区理事者らが列席、平和条約発効を祝って記念式典を催した。

△戦没者追悼式　区内の戦没者遺家族約三〇〇〇名を招き、二五日ごろ（場所未定）戦後初の盛大な追悼式を行うことになった。

△敬老会　区内に住む七七才以上の老人を招待、二〇日ごろ区講堂で多彩なプログラムで敬老会を催すことになった」

（一九五二年五月一一日付）

○「霊魂安らかに鎮《しず》《ま》る　亀有町で招魂社祭祀

真の平和と自由と独立の喜びを知らずして散った日清戦争、日華事変以来の亀有町内の戦争犠牲者二七六柱の霊を、その遺族をわれわれが守り慰めようと、講和発効を機に亀有町香取神社宮司唐松恵之助氏、氏子総代森田常松氏、講元らが発起人となって香取神社境内に招魂社を建祀しようと準備を進めていたが、このほど社殿が竣工したので五、六日の両日に亘って招魂式、合祀祭が平和回復の意義をこめて厳粛に行われた。招魂式は五日午後七時から遺族を始め高橋区長、小川支所長、細田亀有署長ら四〇〇名が参列、靖国神社招魂式にならい厳《おごそ》かに行われ、こと新しく肉親達を想い深い悲しみと感動にすゝり泣く老婆の姿などがみられ、哀情胸せまるものがあった」

（一九五二年五月一一日付）

○「新宿三丁目で奉告慰霊祭

国民等しく待ちこがれた日本独立の喜びを迎え、新宿三丁目防犯部、日赤三丁目奉仕団では、今次戦争の犠牲となった町内の八〇柱の霊を慰め、併せて講和発効、完全独立の奉告（※神などに謹んで告げること）を行おうと、一八日午後一時から同じ三丁目崇福寺で遺家族、細野亀有署長、小川新宿支所長、各団体代表ら参列の裡に慰霊祭、奉告式を厳粛に挙行した」

（一九五二年五月二五日付）

サンフランシスコ講和条約締結後、区内の遺族たちがそれまで押さえられていた〝戦死者を慰霊したい〟という思いを、一気に爆発させたかの感がある。占領下、世間からは「戦死者はバカをみた」「犬死だった」というような冷たい視線を浴び、金銭的援護も打ち切られて生活に困窮した遺家族の悲しみや怒りのエネルギーが、深く静かに充満していたのであろう。

こうした状況下、葛飾区にも日本遺族厚生連盟の支部が結成されることになった。

○「遺族厚生会支部　近く結成へ」

二三区中遺族厚生支部の設立されていない当区に、すみやかに支部を結成し遺族を守ろうと、亀有町四丁目渡辺茂吉氏を準備委員長に六〇名の委員が支部結成の準備を進めているが、近く結成式を行うことになった」　（一九五二年五月二五日付）

このようにして生まれた地域遺族会は、一人ひとり孤立していた遺族の精神的なよりどころとなり、中央の日本遺族厚生連盟は力強い後ろ楯であった。遺族会は新年会や忘年会のような集まり、慰安バス旅行などによって交流を深め、靖国神社に団体で参拝するのも恒例のことだった。また世の中が落ち着いてきてからは、遺族会や有志で忠霊塔や忠魂碑を建立することも増えた。葛飾区内には戦後建立された戦争碑が一〇基認められる（葛飾区郷土と天文の博物館ボランティアグループ「葛飾探検団」の調査による。『可豆思賀5』）。

①　高砂　諏訪野八幡神社「殉国霊神」　一九五五　有志
②　高砂　青龍神社「殉国之碑」　一九五四　町会
③　柴又　古録天神社「殉国者之碑」　一九五九　自治会・有志

④　柴又　八幡神社「忠魂碑」　一九五六　有志
⑤　奥戸　奥戸天祖神社「忠魂碑」　二〇〇三　有志
⑥　奥戸　八劔神社「招魂碑」　一九七三　有志
⑦　新小岩　上平井天祖神社「招魂碑」　一九六二　協賛会
⑧　青戸　青砥神社「忠霊塔」　一九六二　遺族会
⑨　堀切　小谷野神社「忠魂碑」　一九五八　有志
⑩　水元　水元神社「殉国英霊之碑」　一九七九　遺族会

遺族たちは同じ痛みを共有する人々とこうしたことを続けていくことが戦没者に対する慰霊・追悼であると考えていたが、その方向性は内向きになりがちで、関係者以外には閉じられた団体になっていった。

そして時代が「もはや戦後ではない」（一九五六年の経済白書）、「国民所得倍増計画」（一九六〇年、政府による高度経済成長政策）といった明るい未来志向にシフトしていくにつれて、戦没者や遺族たちのことはしだいに忘れ去られていった。世の中の人々には戦争のことはあまり思い出したくない事柄であり、過ぎたことよりこれからの生活の方が大事だったのだ。

一方、日本遺族厚生連盟も変わりはじめていた。連盟は一九五三年に財団法人日本遺族会に発展的解消し、一九六〇年代中頃からしだいに右傾化していった。それをよく表わしているのが『日本遺族通信』（旧『日本遺族厚生連盟会報』）の題字下のスローガンである。一九六四年五月から、次のように変わった。

「日本遺族会は英霊の顕彰、戦没者の遺族の福祉の増進、慰藉救済の道を開くと共に、道義の昂揚、品性の涵養に努め、平和日本の建設に貢献することを目的とする」

ここには会報第一号（一九四九年二月一〇日）にあった「戦争の防止」「世界恒久平和確立」「全人類の福祉に貢献」の文言はなく、「英霊の顕彰」が第一に掲げられるようになった。そしてそのころから、日本遺族会は遺族への援護・補償を手厚くするため特定の政治家を支援し、当選させ、国会へ送りこむようになった。また、靖国神社国家護持法案(13)を積極的に支持する発言をしたり、それが挫折した後は首相の靖国神社公式参拝実現を要求したりする活動を続けた。日本遺族会は初期のころには戦争を厭《いと》う非戦、反戦的空気もあったのだが、政治的発言力を強めて圧力団体化していったのである。

地域の遺族会に属している人々のなかには〝戦争はこりごりだ〟〝二度と同じようなことを繰り返してはならない〟という思いを強く持ち、日本遺族会の有り方に不信感や違和感を抱く遺族もいたが、周囲から「遺族年金やいろいろなお金がもらえるようになったのは誰のおかげだ、遺族会のおかげじゃないか」「遺族会をやめたら国からお金がもらえなくなるぞ」といった圧力を受けて、口に出すことははばかられた。

ところが一九八〇年代に入り、靖国神社にA級戦犯を合祀（一九七八年一〇月、判明は一九七九年四月）したことへの中国・韓国からの批判が高まり、アジア諸国に対する加害の事実、日本の戦争責任の問題が大きくクローズアップされるようになった。遺族も一般の日本人も、みなみずからを戦争の犠牲者であると考えていたことへの痛烈な反撃であった。

こうしたなかで、遺族のなかに日本遺族会の考え方から距離を置く人々や、宗教上の理由から離脱する人々などもあらわれて、それまで〝遺族〟というひとくくりの集団の中にいた個人が、一人ひとりの良心にもとづいて戦死者を慰霊・追悼する動きが目立つようになった。以来、戦死者を慰霊・追悼するということはどういうことなのか、どうであることが戦死者を追悼することになるのかが問われ続けている。

さて戦後六九年がたち、遺族たちの心情はどのような着地点を得たのだろうか。『あいたかった戦後六十五年を迎え』（神奈川県遺族会編、二〇一一年）から、遺族の声に耳を傾けてみよう。


「「祖先の為、未来の為に、美しい此の日本を残してください。守ってください」

「戦争は絶対にしてはいけません！」

「平和な世界を守れ！」

「私達、苦難を乗り越えて来た者の願いは一つです。戦死していった多くの御魂《みたま》の安らかなる事を祈り、守って行きたいです」」（戦没者の妻）

「世の中には、まだまだ戦争をしている国があります。戦争は憎しみや絶望とか、不信感等を植え付けるだけ、人間形成には何の役にも立たず、自然破壊をもたらすだけです。日本は、二度と戦争をしないと法律で守られている訳ですから、恒久平和を貫き通して欲しいと切に願っております。私は、もう靖国神社にも参拝出来ぬほど、体が弱って来ましたが、子供達が私の分まで硫黄島等への参拝に参加し戦没者の方々の供養をしてくれているのが何よりの救いです。英霊の方々が何よりも願っておられることは、残された家族の末永い安寧であり、祖国の安泰を信じて国難に殉じられたことを忘れず、英霊を惑わすことのない日本国の確立と、世界平和のために見守り続けて下さい、と祈るのみです」（戦没者の妻）

「現在は遺族会の方々のお世話になり慰霊堂に参拝し同志の方々との語らいに穏やかな日々を過ごしております。今、戦没者の妻会員は十二名ですが強い心で生き抜いています。日本の礎となられた英霊に感謝し、戦争を知らない若い人達に戦争の悲惨さや苦しみを語り継ぎ、二度と戦争を起こしてはならない、参加してもならない事を願っております」（戦没者の妻）

「今後の遺族会活動は会員の高齢化に伴う会員の減少は避けられず、新たな方向性を模索する段階に差し掛かっていると思います。それぞれが与えられた生命、寿命を戦争や紛争により奪われることなく、その生命、寿命を全う出来る平和な世界を目指して行動すると共に、戦争の中で短い生涯を終えられた幾多の英霊の御霊の安らかなることを祈り続けると共に、愚かで悲惨な戦争を、二度と繰り返すことのないように語り継いでゆくことが、遺族である私たちの使命であろうと思っています」（戦没者の姪）

遺族たちの手記には「平和への願い」が強くある。遺族にとっては日本が平和であることこそが、戦死者の死を無駄にしない慰霊・追悼なのである。それは日本遺族会が「大東亜戦争は国家、国民の生命と財産を護るための自衛戦争だった[14]」と戦争を肯定することとは、ずいぶん違った位相にあるものだった。

戦死者を慰霊・追悼する当事者は遺家族のほかにもいた。戦場体験を共にしながら、日本に生きて帰った兵士たちである。彼らが戦友の死にどのように向き合ったかについても記したい。

一九四五年八月敗戦時、日本軍は日本国内、中国、韓国、東南アジア諸国に陸海軍合わせて約七八九万人が存在していた。そのうち国内配備兵を除いた約四五三万人が、敗戦とともに日本に復員してきた。かれらは軍隊という集団の一員として、さまざまな場所で、おびただしい人の死を経験して帰還した。

復員兵に対する社会の眼は厳しく冷ややかなものだった。

復員して駅で切符を買うにも、煙草の火を借用するにも、周りは「もう兵隊さんに用はない」といわんばかりの態度であり、元海軍士官が列車に乗り荷物を座席の前に置いたところ、それを見て憤慨した男二人に、「お前等はいつまでも軍人と思っているのか、馬鹿野郎」と暴言を浴びせられる、というようなことが各地で起こった[15]。

旧日本軍指導者たちや軍国主義的なことへの反感や反発が、身近かな復員兵たちにいっせいに向けられた。これは戦没者遺族を孤立させた世間の目と同質のものであり、日本の戦争が兵士と国民との間に心を通わせる回路を持たない戦争だった、ということにほかならない。

戦場から生きて帰ってきた者たちの心には、「死んだ戦友にすまない」「自分だけが生きて帰って申し訳ない」というような、戦死者に対する負い目を抱く者が多かった。復員兵たちは誰にも話せぬ戦時トラウマを抱え、すっかり様変わりした社会になじむことに苦労しながら戦後をスタートさせた。

占領期が終わり、復興から経済成長期を迎えた一九六〇年代、一九七〇年代にかけて、各地に戦友会が誕生した(16)。世の中が落ち着き、生活にもゆとりができたことによるものだろう。

戦友会は戦死した戦友の慰霊と、生き残った者同士の親睦を目的として結成されることがほとんどで、靖国神社や護国神社で慰霊祭を行ったり、慰霊碑を建立したり、時には海外の戦跡訪問などを熱心に行った(17)。

この戦友会という集まりには暗黙のルールがあった。『兵士たちの戦後史』には、次のような記述がある。

「戦友会では、現在の結合のきずなを弱める要素は、それが過去のものであれ現在のものであれ、注意深くとり除かれることになる。戦友会でけっして語られない話題があるのもそのためである。戦争中の体験にしてもあまり悲惨なこと忌まわしいことは語られないのが普通である。そうした話は死んだ戦友やその遺族を、あるいは生き残った戦友をいたずらに傷つけることになると考えられているからである。悲惨なこと忌まわしいことは自分たちの胸だけにおさめておこう、それが自分たちが生き残ったことにたいする負い目をはらすひとつの方法なのだという考えは、戦闘体験者にかなり共通したものといえる」

（高橋三郎「戦友会研究の中から」『世界』一九八四年二月号）

生きて帰還した者たちにとって戦友を悼むということは、慰霊祭を催し、碑を建立し、戦場での出来事については胸に秘めて語らないこと、であった。彼らには、戦争体験を否定的に語れば自分が命をかけて戦った日々は無駄なことだったということになってしまうし、亡くなった多くの戦友たちの死さえ意味のないことになる、という意識が根強かった。

一九八〇年代に入ると、靖国神社へのA級戦犯の合祀（一九七八年）、教科書問題（一九八二年、文部省が検定によって日本が行った侵略戦争を「進出」に、朝鮮の三・一独立運動を「暴動」に書き改めさせていた事実が明らかになる）、中曾根首相の靖国神社公式参拝（一九八五年八月一五日）といったことが続き、アジアからの批判の声が高まってきた。先にも述べたが、被害を受けた側は日本軍の加害の事実を告発し、軍隊、兵士たちのいかに暴力的であったかを訴えた。

こうしたことは、日本人には大きな衝撃だった。分けても戦死した仲間や遺族のために、悲惨なことは胸にしまっておこうとしてきた元兵士たちに与えた動揺は大きかった。

そしてこのころから、戦友会誌や個人の戦争体験記などの記述に変化が生まれてくる。自責の念から加害の事実を明らかにし、謝罪意識を表明する、軍隊組織の非道さを手厳しく批判する、戦場の残酷さを告白する、といったことはそれまでにはないことだった。

「残虐だよ。虐殺だよ。……本当に、この時の大本営とか方面軍とかのあれ（上層部）を恨むよ。時に高級司令部のいい加減なね、やり方。（中略）こんなこと初めて言うよ。俺今まで、悪口言ったことはないんだ、あんまり。自分が生きて帰ってきてるから。だけど今日は初めて言うけども、まったく地獄だったなあ。こんな偉そうなこと言うてね、話すのが非常にこう、なんか辛いんだよ。辛いっちゅうか、申し訳ないんだ、死んだ人にはね(18)」

「戦争のこと本当のこと、言えないよ。戦争のこと、本当のことを言うとね、夜眠れないさ。夢心地でね、起こされてね、何かに起こされてね、精神的に異常を起こしているんだよ。それで憎しみが出てさ……死ぬ覚悟になってくるんだよ。だからこういうこと思い出したくないさ。みんなにすまないという気持ちになってきてね……（中略）戦争より惨めなものはない、人間が死んでも何とも思っていない、人間が死んだらボンボンボンボン捨てて……穴埋めするのも何とも思わない、人間の涙もない、血も涙もない、戦争というのはそんなもんさ(19)」

「半世紀以上も過ぎてから、私がこうやって話をするのは、戦友たちが大変な苦労をして戦死していったということを、みなさんに知っていただきたいという思いからですし、硫黄島での戦いというのはこうだったんだということを、一人でも多くの日本人に知ってもらうことが、亡くなった戦友たちへの一つの供養にもなると……(20)」

このように生き残った者たちの戦死者に対する思いも、長い時間のうちにゆるやかに変化していき、どうすることが慰霊・追悼になるのかという内実も、画一的な〝慰霊祭の挙行〟ばかりでない多様性と深まりを持つようになっていった。「戦争というものは悲惨で残酷なものだ」ということを若い人に伝えねばならないと、心の葛藤を超えて決意する老いた元兵士たちの言葉に、彼らの人生に戦争がいかに重かったかを推しはかることができる。

一九九九年に実施された「戦没者の慰霊に関する意識調査」の結果は、以下のようなものであった[21]（「慰霊にあたり大切だと思うこと」という質問に対する回答（複数））。

戦没者に感謝すること	三八・八％
世の中の平和を祈ること	五六・五％
過ちを繰り返さぬと誓うこと	五一・九％
戦没者の苦難をよく知ること	二〇・一％
戦没者の功績を讃えること	一一・三％
特にない、わからない	七・四％

このアンケートの結果をみると、戦没者の慰霊・追悼を「平和を願い、祈る」「二度と戦争を繰り返してはならない」ということへ向かわせる、静かでゆるやかな、そして強く大きな意志が地下水のように過去から現在へと流れてきたことを思う。二四〇万人あまりの戦死者、民間人を合わせれば三一〇万人にのぼるとされる戦没者の存在、そしてその戦没者を悼む人々の存在を抜きにして、日本の戦後、現在までの平和はあり得なかったといえるだろう。

『朝日新聞』によれば、二〇一三年八月一五日、政府主催の全国戦没者追悼式に参列した遺族は約四七〇〇人、父母は三年連続なし、妻一六人、子三一一六人、孫一九四人、ひ孫世代(人数明記なし、〝目立つようになっている〟と記載されている)となっており、年々世代交代が進んでいる、と指摘している。

時は移り、戦争は遠くなりつつある。

戦没者たちは戦後六九年を経た現在を生きている私たちに、「ところで、君は戦争についてどう思う?」とひそやかに問うているのだが、その声を聞くことができるかどうかは、私たち次第である。

注

(1)『兵士たちの戦後史』(藤原彰『餓死した英霊たち』)。
(2)『兵士たちの戦後史』(秦郁彦「第二次世界大戦の日本人戦没者像」)。
(3)『援護と慰霊のあゆみ』。
(4)『援護と慰霊のあゆみ』。
(5)『あいたかった　戦後六十五年を迎え』。
(6)『戦前戦後を歩く』。
(7)畠山正治「少国民だった私の戦後」『さまざまな戦後　第2集』。
(8)『戦後の出発』。
(9)『日本遺族厚生連盟会報』第三号、一九四九年八月一五日。
(10)『日本遺族通信』第四〇号、一九五二年一〇月一日。
(11)『日本遺族通信』第二八号、一九五一年一〇月一日。

(12)『葛飾新聞』一九五二年一月二七日付。（　）内合計が合わないのは誤植によるものか。

(13) 靖国神社を国の管理下に置く、という法案。一九五二年ごろから日本遺族会を中心に推進運動が展開された。自由民主党、日本遺族会、靖国神社、衆議院法制局は「靖国神社法案」を準備し、一九六九年、一九七〇年、一九七一年、一九七二年、一九七三年と五回続けて上程したが、五回とも廃案となった。

(14) 一九九三年八月、当時の首相細川護熙《もりひろ》が就任時の会見で、「私自身は侵略戦争であった、間違った戦争であったと認識している」と述べたことに対して、日本遺族会は激しい抗議声明を出した。「　」はその一節。

(15) 木村卓滋「復員　軍人の戦後社会への包摂」『戦後改革と逆コース』。

(16) 成立した戦友会の数。

一九五六年～一九六〇年	四八
一九六一年～一九六五年	八一
一九六六年～一九七〇年	八五
一九七一年～一九七五年	一〇一
一九七六年～一九八〇年	七九
一九八一年～一九八五年	四五
一九八六年～一九九〇年	二六

（『兵士たちの戦後史』より）

(17) 靖国神社において戦友会主催で実施された慰霊祭の件数

一九五七年	三三件
一九六五年	一七四件
一九七〇年	一七二件
一九七五年	二四五件
一九八〇年	二九二件
一九八五年	三一五件
一九九〇年	二七三件

一九九五年　三八八件
二〇〇〇年　一六三件（『兵士たちの戦後史』より）
(18)『証言記録　兵士たちの戦争⑤』。
(19)『証言記録　兵士たちの戦争②』。
(20)『硫黄島玉砕戦　生還者たちが語る真実』。
(21)『兵士たちの戦後史』。

参考文献

吉田裕『兵士たちの戦後史』岩波書店、二〇一一年。

東京都福祉局生活福祉部援護福祉課編『援護と慰霊のあゆみ戦後五〇周年記念』東京都、一九九五年。

神奈川県遺族会『あいたかった　戦後六十五年を迎え』二〇一一年。

木村礎『戦前戦後を歩く』日本経済評論社、一九九四年。

田中伸尚ほか『遺族と戦後』岩波書店、一九九五年。

田中伸尚『靖国の戦後史』岩波書店、二〇〇六年。

伊藤ルイ『さまざまな戦後　第2集』日本経済評論社、一九九五年。

北河賢三『戦後の出発』青木書店、二〇〇〇年。

財団法人日本遺族会『日本遺族通信　縮刷版　昭和二四年二月第一号～昭和五一年一月第三〇〇号まで』一九七六年。

赤澤史朗『靖国神社　せめぎあう〈戦没者追悼〉のゆくえ』岩波書店、二〇〇五年。

朝日新聞取材班『戦争責任と追悼』朝日新聞社、二〇〇六年。

葛飾探険団編『可豆思賀5』葛飾区郷土と天文の博物館、二〇一四年。

吉田裕『戦後改革と逆コース』吉川弘文館、二〇〇四年。

ＮＨＫ「戦争証言プロジェクト」『証言記録　兵士たちの戦争①～⑤』ＮＨＫ出版、二〇一一年。

ＮＨＫ取材班『硫黄島玉砕戦　生還者たちが語る真実』日本放送出版協会、二〇〇七年。

おわりに――『葛飾新聞』から現在《いま》へ

二〇二〇年に東京オリンピック開催が決まった。一九六四年（昭和三九）に開催されて以来のことである。

当時のテレビ映像を見ると、画面は白黒、多少ぼんやりした感じで、競技の様子も映りこんでいる街の風景も、ずいぶん古めかしい印象だ。今から五〇年前、日本でテレビ放送が開始されて一一年後のことなのだから、それも当然だろう。

この時のことは、個人的体験として記憶に残っている人も多いに違いない。あの時は何歳で、どこに住んでいて、何をしていた――。私は当時小学五年生で、担任教師に引率され葛飾区内を走る聖火を沿道から応援した。また、教室内のテレビでオリンピックの放送を見た覚えがある。箱型のブラウン管テレビは一九六四年にはほとんどの家庭に置かれるようになっていたから、どこの家でも家族そろって開会式や閉会式、初めて見るさまざまな競技に見入ったことであろう。

この一九六四年の東京オリンピックは、敗戦国である日本の復興の象徴として、経済成長の証として、日本にとっても日本人にとっても大きな意味を持っていた。日本の戦後復興は朝鮮戦争（一九五〇年六月二五日～一九五三年七月二七日休戦）による特需をきっかけに大きく前進したが、一九五五年の保守合同によって自由民主党が結成され盤石な保守政権が確立したことから、より強力に推し進められるようになった。

それからの復興のシンボルといえるような出来事を拾い出していくと、

一九五六年　日本住宅公団、団地入居者募集開始
一九五七年　南極に昭和基地設営
一九五八年　東京タワー完成
一九五九年　皇太子の結婚パレード

と続き、一九六〇年には政府は国民所得倍増計画を決定し、経済の高度成長を国家の政策として本格的に推進すると発表した。そしてそのかけ声のもとに法律が整えられ、企業の設備投資ブームが起き、雇用は安定、所得は急上昇、大企業とそれ以外の会社との賃金格差も縮小した。一九六四年の東京オリンピックは、日本の経済が急カーブで発展を遂げているそのさなかに開催されたのである。開催直前には東京モノレールが開業し（九月一七日）、東海道新幹線も開通（一〇月一日）、首都高速も地下鉄も整備された。

その頃の世相や風俗といえば、ロカビリー大流行・ミッチーブーム（一九五八年）、週刊誌創刊ブーム（『少年サンデー』『少年マガジン』『朝日ジャーナル』『週刊文春』『週刊平凡』など）（一九五九年）、ダッコちゃん人形・インスタントラーメン登場・安保闘争（一九六〇年）、「上を向いて歩こう（坂本九）」「スーダラ節（植木等）」（一九六一年）、テレビアニメ「鉄腕アトム」放送開始（一九六三年）、ザ・ビートルズ初来日（一九六六年）、東京都知事に社会・共産推薦の美濃部亮吉当選（一九六七年）、

全国の大学闘争激化（一九六八年）などがあげられるだろう。

一九六〇年代の日本社会は、次々と新しいモノが生まれ、新しいことが始まり、激しく変化していく、というスピードとダイナミズムにあふれた濃密な時代だった。漫画『三丁目の夕日』、映画『ALWAYS　三丁目の夕日』は昭和三〇年代（一九五五年〜一九六五年）を描き、葛飾区郷土と天文の博物館の実物展示の町工場と住居も、ほぼ同時期を想定している。これらに共通するのは、〝貧さのなかにも明るい未来が信じられた〟〝がんばれば今日より豊かになれる希望と夢があった〟〝ほのぼのとあたたかい〟〝家族だんらん〟〝郷愁（ノスタルジア）〟といった肯定的なイメージであろう。

この一九五五年頃から始まる高度経済成長期は、多くの日本人にとっては心のふるさとのような、なつかしい時代である。この時代は、社会の歴史としても個人の歴史としても、現在から地続きでさかのぼることができ、誰もが貧しかったけれども一生懸命働いて、それなりに安定した現在の生活がある――というストーリーを生んでいる(1)。

私は一九五三年生まれで、もの心ついた時から日本が豊かになっていく足どりとともに成長してきた。だからこうした時代の変化を、実感として理解することができる。

しかし、それより少し前の時代ということになると、とたんにイメージが曖昧になる。実体験がないということもあるが、そのためばかりではなさそうだ。一九四五年八月一五日から始まる戦後史のうち、経済成長期に到るまでの約一〇年間、そしてそのうちの特に一九五二年四月二八日までの六年八か月間の占領期については、きわめて情報が少ない。

占領期はテレビや映画などでは、だいたい決まった映像で提示される。それはたとえば、次のようなものだ。

・マッカーサーがコーンパイプをくわえて、飛行機のタラップから降りてくる
・昭和天皇とマッカーサーが並んで立っている写真
・東京裁判法廷の写真
・銀座に米兵がいる、米兵がジープに乗っている
・食糧難による買出し、列車にすずなりの人々
・闇市の雑踏
・露悪的なタイトルのカストリ雑誌
・焼跡のバラック住まい
・上野の地下道の浮浪者、靴みがきをする子ども
・復員兵や外地からの引揚者の姿
・青空学級、墨塗り教科書

戦後生まれには、占領期というのはこうした限られた、断片的な情景をつなぎ合わせてイメージするしかない。日本の歴史研究者による占領史研究は、政治史、外交史、経済史、社会運動史など多岐にわたるが、専門の領域について分析して解説するものが多く、通史は出来事の羅列に終始しがちである。そこから占領期を生きた人々の息遣いを汲み取ることは、容易ではない。占領期について、分かったような感じがしない。占領期は現在とは遠くかけ離れた時代のように感じられるし、日本の戦後史のなかの特別な一時期だったかのような印象もある。私が生まれる一年前まで占領下

に置かれていたというのに。

葛飾区の戦後はどのように出発したのか、占領下の葛飾区で生活する人々の姿を知りたい――しかしそれは輝かしい高度成長期の向こう側にひっそりとうずもれて、なかなか姿を現わさなかった。『増補葛飾区史』（一九八五年刊）には占領期に関する記述は少なく、区内図書館での関連資料探しも難航した。葛飾区という小さな地域の戦後の出発を知ることは、想像以上に困難だった。

二〇〇七年六月に旧葛飾図書館（現新宿図書センター）のレファレンスサービスコーナーで戦後史資料の有無について問い合わせた折に、『葛飾新聞』の存在が判明した。私の父親が日曜日になると読んでいた小さな新聞があったことを思い出して、たずねて分かったのである。区民から寄贈されたという、創刊号（一九四七年六月一五日付）から一九五二年五月二五日付までの分が保存されていた。

『葛飾新聞』を初めて目にした時には、小さな紙面、活版刷りの文字、「、」「。」のない文章、古めかしい広告、劣化した紙に六〇年という年月が迫ってくるように感じた。読み進めていくと、葛飾区議会の動向、総選挙の成行き、学校や出張所の建設、地域の活動、スポーツ、祭り、配給のお知らせ、さまざまな事件や事故、犯罪など、占領時代の区民の暮らしぶりが一気に目の前に広がった。これは鶴見俊輔のいう「空を飛ぶ鳥の眼から見た歴史の見とり図と対照になるような、地を歩く人の眼から見た現代日本の案内図」(2)に違いなかった。

『葛飾新聞』には占領下の区民生活の喜怒哀楽が余すところなく描き出されていた。貧しい人、苦しい人、悲しむ人、怒る人、罪を犯す人、思想信条に生きる人、律気に働く人、生活を楽しむ人、たくましく生きる子ども……みな一様に時代の波にもまれながら暮らす様子が活写されている。『葛飾新聞』の記者たちが区内を自転車で駆け回って拾い集めた記事は、まさに〝地を歩く人の眼から見た歴史〟だった。

しかし『葛飾新聞』をさらによく読んでいくと、書かれていないこともたくさんあることに気付く。たとえば占領軍のこと、占領軍に都合の悪いこと、区民が占領についてどう感じていたのか、負けた戦争についてどう思っていたのか、政府に対してどう考えていたのか、こうしたことは一切紙面に表れない。プレス・コードに基づいた検閲の存在によって、内容が制限されたためである。

記事となって残されていることと、書かれていないことの間隙《げき》は、どう埋めたらよいのか。鶴見俊輔は先の言葉に続けてこう言っている。

「地を歩く人には、自分のまわり数歩しか見えない。かれらの見てきたことをくみあわせて、同時代全体におよぶ平面をべつに構成する必要がうまれる。さらに、同時代の平面をくみあわせて、わたしたちの対象である開国以来百年の立方体を構成する必要がある。この立方体は、歩く人の肉眼にうつった現実体験だけからつくりだすことはできない。このために、日本の近代史の構造についての想定の上にたった架空の眼を、肉眼のほかにもうけることが、必要である」

占領下の葛飾を知るためには、『葛飾新聞』の記事のひとつひとつについてバックグラウンドを探り、当時の政治や経済や社会の状況と照応させて、内容を立体化することが必要だった。基本的な視座を「ふつうの人々の日常性を中心にして歴史をみる」「上からではなく下から見る」「ふつうの人々の暮らしから権力をみる」(3)ことに置いて、それを試みたのが本書である。

『葛飾新聞』には敗戦直後の混乱の日々から、生活の再建へと歩み出す人々の姿が克明に描き出されており、そこから私なりに占領期をたぐり寄せ、葛飾区民の戦後の出発を追うことができた。

そこから見えてきたことは、葛飾区民が民主主義という新しい理念やシステムを不安や困惑とともに、期待や希望を抱いて迎え入れたこと、一方で戦争がもたらした災禍が、社会全体に色濃く残っていることである。爆撃によって焼けた跡がある、防空壕の跡がある、戦闘によって身体が不自由になった人がいる、仏壇に若者の遺影が飾られている――そこかしこに、こうした戦争のつめあとが残されていた。

これは葛飾区に限らず、日本中がそうであったに違いない。日本の社会は「民主主義」と「戦争の傷痕」の両方を表裏一体のものとして背負って出発したのである。

それから六九年の月日が流れた。

この間、たくさんの人々が地域、職業、年齢、性別もそれぞれに、一人ひとり違った意識や感情や言葉をもって生活してきた。たとえば、特定の政党を支持する人がいる、宗教を深く信仰する人もいる、社会に対して声高に発言する人もいれば、世の中のことに関心のない人や、自分の生活だけが大事な人もいる。生き方も価値観も千差万別な人々によって、日本の社会は成り立っている。

けれども、戦後六九年をただ一筋貫くものがある。それは、「戦争をしない」ことを多くの人々が静かに祈り、願い、選択し続けてきたことだ。他国と「戦争をしない」日本の戦後の六九年間は、自然とそうなったのではなく、日本人のゆるやかな選択の結果によるものである。この永きにわたって「戦争をしない」年月は、先の戦争が日本人の心にいかに重いものだったかを物語っている。はるか遠くに思われた占領期だったが、わたくしたちは「民主主義」と「戦争の傷痕」をともに背負って出発した戦後史の末端である現在に立っている。

これから先の未来には、どんな日々があるのか。それは、わたくしたちがどのような未来を望み、どのような選択を重ねるかにかかっている。

注

（1）二〇一三年一一月一六日の『朝日新聞』に、それを示すような記事が載っている。「〝あなたが生きたい時代〟はいつですか」という問いに一八一八人が回答（複数可）した結果は、高度経済成長期（一九五五年〜一九七三年）が四〇一票（二二・〇%）を集めて第二位となっている。ちなみに一位は遠い未来（一〇〇年後より先）四三一票（二三・七%）。三位は安定成長期（一九七四年〜一九八五年）三九五票（二一・七%）。戦後復興期（一九四五年〜一九五四年）と回答したのは一〇一票で第一二位。〝生きたくない時代〟の六位に戦後復興期があげられている。

（2）『日本の百年10　新しい開国』。

（3）『村の生活史―史料が語るふつうの人びと』より。著者の歴史研究者木村礎《もとい》は「生活史」を提唱しており、「日常生活上の目に見える事物と、目には見えないが確実に存在するさまざまな社会関係（村や家、さらには国家等々）の双方を描こうと志す歴史学、それが生活史」「ふつうの人々の日常生活を中心とし、広く社会的関係のあり方を展望し、そのことによって個人や集団の生き方を考えて行くような歴史を書きたいものですね。それが私の理想なんです」と書いている。

参考文献

鶴見俊輔『日本の百年10　新しい開国』筑摩書房、二〇〇八年。
木村礎『村の生活史―資料が語るふつうの人びと』雄山閣、二〇〇〇年。

あとがき

私が初めて『葛飾新聞』を目にしたのは、二〇〇七年六月のことでした。旧葛飾図書館内の行政資料室の棚に白い箱があり、その中に両面コピーされた小さな新聞が入っていました。私の『葛飾新聞』を読む作業はこの時から始まり、二〇一三年末に原稿が仕上がるまで続きました。

この新聞読みに費やされた六年間は、私にはさほど長くは感じられなかったのですが、その間に日本の社会はずいぶん激しく揺れ動きました。総理大臣は安倍晋三（第一次）、福田康夫、麻生太郎、鳩山由紀夫、菅直人、野田佳彦、安倍晋三（第二次）と代わり、途中二度の政権交代があり、二〇一一年には東日本大震災、福島第一原発の事故という未曽有の災害も発生しました。

そうした日々にも私の『葛飾新聞』読みは延々と続き、錯綜する現在と占領下を行ったり来たりするかのような生活がくり返されました。いつも『葛飾新聞』の世界に向かう時には、海辺のざわめき、波面のうねりをよそに、深くて静かな海の底へと下りていくような感覚があり、占領下の人々が時代と格闘する姿を追いながら、戦後の出発の原点はどこにあるのかと思いを巡らすことは意義深いものでした。東京の東の端、葛飾区で創刊された小さな新聞が残した小さな記事から、わたくしたちが学ぶものは多いように思います。

本書が形となるまでにはたくさんの方々のお力添えをいただきましたが、まずなにより先に占領下に新聞発行を続けた葛飾新聞社、区内を飛び回って取材し、それを次々と記事にした記者の方々に、深い謝意を捧げたい。六七年の後にこのような形で新聞が現代によみがえり、多くの人々に読まれることを、きっと喜んで下さることでしょう。

葛飾区郷土と天文の博物館のボランティアグループ「葛飾探検団」は、近代以降の葛飾の変化を調査研究することを目的とする団体ですが、そこに参加し知見を広めたことは本書を書くうえで大いに参考になりました。長い間葛飾に住んでいながら知らないことも多く、探検団に参加しているメンバーの関心の高さや経験の豊かさから、よい刺激を受けました。

実務的なことでは、私の手書き原稿の活字筆耕を引き受けてくれた柿崎亮介さん、清水祺子さんにお礼申し上げます。清水さんは私の原稿の最初の読者として、感想や励まし、適切な助言を下さり、いつも心強く感じていました。長い間ありがとうございました。

最後になりましたが、日本経済評論社社長栗原哲也さんの英断と、編集担当者梶原千恵さんのお力があって、本書は誕生することができました。ここに心からのお礼と感謝を申し上げます。

二〇一四年九月

木村　千恵子

【著者紹介】

木村 千恵子（きむら・ちえこ）

1953年、東京都葛飾区生まれ。

1978年、明治大学二部文学部史学地理学科卒業。

1979～81年、地方史研究協議会事務局。

1981～94年、千葉県内公立小学校教諭。

著書に、『ある家族の近代』（日本経済評論社、2000年）、『ある家族と村の近代』（同、2006年）がある。

現在、葛飾区内在住。

〈同時代史叢書〉
占領下の東京下町――『葛飾新聞』にみる「戦後」の出発

2014年10月24日　第１刷発行　　定価（本体2800円＋税）

著　者　木　村　千　恵　子
発行者　栗　原　哲　也

発行所　株式会社　日本経済評論社
〒101-0051　東京都千代田区神田神保町3-2
電話 03-3230-1661　FAX 03-3265-2993
URL: http://www.nikkeihyo.co.jp

装幀＊渡辺美知子　　印刷＊藤原印刷・製本＊高地製本所

乱丁落丁はお取替えいたします。　Printed in Japan

ISBN978-4-8188-2355-6

同時代史叢書刊行のことば

世界にはそれぞれの特徴をもつ地域があり、そして多様な生の営みが行われてきた。グローバリゼーションという妖怪があまねく世界を覆い尽くし、個の生活のすみずみにまで浸透しつつある現代において、われわれは何を拠り所として生きていけばいいのだろうか。

個の尊厳を踏みにじり、歴史の教訓を反故にするかのような理不尽な言動が大手を振ってまかり通る。今日、われわれは何を頼りに生きていけばいいのだろうか。

歴史を学ぶことは過去を評価することであった。いっぽう、過去を振り返ることにより二度と同じあやまちを繰り返さないためでもあった。ひとは歴史とともに生きてきたのである。ところがひとが支えあった時代は過去のものとなった。いまや自己責任の名のもと弱者はさらに弱者へと追いやられている。歴史は果たして役に立つのか。そもそも役立てようとしてきたのか。

歴史は研究者やインテリだけのものではない。歴史はいま生きているひと、これから生を享けるすべてのひとにとって何よりも重要な宝である。ひとはひとりでは生きられない。かといってもたれあって生きても何ものをも生みださない。確固たる個を獲得するにはどうすればよいか。

宇宙において地球はどのようなものだろうか。未来から今世紀はどのように見えるだろうか。あのときの選択があやまっていたからこうなってしまったと後悔しないためにも、虐げられているひとがこの世からいなくなるまで、そしてあらゆる差別が根絶されるまで闘うこと、その幻想にも似た闘かいが現代に生きる者のささやかな存在証明となろう。

神を信ずるものも信じないものも、たとえ最後のひとりとなってもこの闘いは避けられない。

歴史を学ぶことは今を問うことだ。ともに語り合おう。同時代史叢書は問いつづけてゆく。

二〇一三年八月一五日

日本経済評論社